Universale Economica Feltrinelli

MANUEL VÁZQUEZ MONTALBÁN
STORIE DI FANTASMI

Traduzione di Hado Lyria

Feltrinelli

Titolo dell'opera originale
HISTORIAS DE FANTASMAS

www.vespito.net/mvm

Traduzione dallo spagnolo di
HADO LYRIA

Prima edizione nell'"Universale Economica" settembre 1999
Terza edizione giugno 2000

ISBN 88-07-81562-1

Le note a pie' di pagina sono tutte a cura del traduttore.

Storie di fantasmi

Un materialista non ha alcun diritto intellettuale di riconoscere l'esistenza dei fantasmi. Pertanto, e per mettere nero su bianco, nonostante l'ambiguità di alcune delle seguenti storie, dichiaro solennemente di non credere all'esistenza dei fantasmi nel senso stretto della parola. Ma i "fantasmi" che vivono di boria e fantasmagorie, quelli esistono, eccome.

Come nel virtuoso più provato viene accertata una segreta e repressa passione per il vizio, così nel materialista più ostinato resta una non meno segreta e repressa propensione per il soprannaturale, per ciò che va oltre il materiale. Nelle tre storie di questo libro talvolta mi sono lasciato trascinare da tale segreta propensione, di cui chiedo perdono a ogni genere di scienziati, sociali o naturali, e valga a titolo di esempio l'ambiguo finale di *Una sconosciuta che viaggiava senza documenti*, racconto breve di un *fait divers* già apparso in un romanzo di più ampio respiro del ciclo di Pepe Carvalho. Il tema dell'autostoppista fantasma che scompare dopo aver contribuito a salvare la vita del guidatore appartiene alla tradizione affabulatoria orale e si è rinnovato e adattato volta a volta a seconda delle rivoluzioni tecnologiche. Per il momento è fermo all'automobile. Ma ogni romanziere postmoderno ha il diritto di provare l'argomento nel quadro, per esempio, della guerra delle galassie.

In *La nave fantasma*, la vecchia storia della nave che ha fatto naufragio ed è stata trasformata in presenza fantasma che suscita allucinazioni si inserisce in un tema presente e particolarmente problematico nella società spagnola di oggi: la lotta per il diritto alla pesca, uno dei diritti a quanto pare più difficili da garantire in questa Spagna che cerca di normalizzare il suo statuto di relazioni internazionali.

Pablo e Virginia è una falsa storia di fantasmi e di personaggi che sembrano essere quel che non sono. Il titolo è un omaggio al quasi omonimo libro di Saint-Pierre, pietra miliare del romanzo romantico, anche se ha poco a che vedere con quel tipo di estetica. È una storia di finti declassati e di contrabbando, di Guardia civile e di capre, in un paesaggio mediterraneo posto più o meno sulle coste di Jávea.

Forse il lettore troverà qualche legame tra lo sviluppo di queste storie e una deprecabile serie televisiva di parecchi anni fa – distribuita per fortuna solo in Spagna – attribuita al personaggio Carvalho, uno dei più malintenzionati tentativi di assassinio letterario mai avvenuti negli ultimi duemila anni. Sollecito tale lettore perché dal confronto passi alla deduzione, esortandolo a non fidarsi delle imitazioni e a pretendere sempre l'etichetta di garanzia per quanto riguarda Carvalho.

Manuel Vázquez Montalbán

In pochi anni la fisionomia dei riti elettorali è entrata a far parte della memoria visiva degli spagnoli. Basta sentire da lontano la cantilena dell'altoparlante o vedere un pezzo di stoffa o di carta abbandonato ai capricci del vento, perché chiunque si immerga nella situazione elettorale e divida il proprio animo nella classica disposizione democratica: apprestarsi a dire di no alla merce, a tutte le merci, ma con la consapevolezza in fondo di doverne scegliere una. Al principio, finita la dittatura, i preparativi per le elezioni erano stati accolti come una festa esotica, allo stesso modo in cui gli abitanti delle città europee dell'Età moderna avevano accolto i primi esempi di persone o cose giunte dal Nuovo Mondo. La democrazia è stata come l'arrivo del Gran circo russo, con la donna barbuta, il funambolo, il mangiafuoco, l'amazzone alata sul cavallo bianco, i trapezisti, l'orso polare, la tigre del Bengala, i pagliacci; con il tempo quasi tutti quei gesti e quelle sorprese hanno cominciato a ripetersi e a diventare parte dei rituali acquisiti. È per questo che gli abitanti di Torretes del Vallés non si sono sentiti eccessivamente sollecitati dal richiamo degli altoparlanti sulle auto che per tutto il giorno hanno percorso le strade annunciando il comizio della sera presieduto dal membro del Comitato provinciale del PSUC (Partito socialista unificato della Catalogna), Martí Capdevila, e ora prestano scarsa attenzione agli sforzi che fa l'oratore per convincerli che il capitalismo morirà uccidendo, almeno di fame, e che la fine dello stato assistenziale significa l'inizio di una crisi lunga e irriversibile in cui la classe operaia e l'insieme dei ceti popolari dovranno scegliere tra due ruoli: vittime o protagonisti. Sulla testa illuminata dell'oratore campeggiano striscioni in catalano o castigliano, nonostante la presumibile composizione sociale del pubblico avesse consigliato la prevalenza del castigliano. *Lavoratore, vota per un sindacato di classe*, oppure *Contro l'assenteismo padronale*, oppure *Contro la disoccupazione*. E davanti agli striscioni, la sagoma di un giovane oratore che parla con l'energia delle idee e la persuasione del gesto.

"...E questa politica è criminale perché condanna i lavoratori alla fame e a condizioni di vita peggiori. Questo sistema ha bisogno di investimenti per sopravvivere, perché noi tutti si sopravviva. Se loro non investono, noi non dobbiamo rassegnarci a morire come una tribù indiana..."

"...I cheyenne!" gridò qualcuno del pubblico.

Risate, pausa benevola dell'oratore.

"...Cheyenne o sioux, secondo i gusti... vanno bene al cinema o in televisione, non nella vita quotidiana. Ripeto, se proprio loro non rispettano il sistema capitalistico, saremo noi a doverlo cambiare..."

Applausi e grida di approvazione da parte di un pubblico poco numeroso, come poco numerosa è la partecipazione popolare, il che si evidenzia via via che gli oratori scendono dal palco, si stringono reciprocamente la mano, aspettano che vengano fatte delle domande. Colui che ha appena finito di parlare cerca qualcuno e localizza una ragazza alla quale rivolge uno sguardo complice. I gruppi si sciolgono e l'oratore, in compagnia della ragazza, va a prendere la macchina. È tarda sera, per certi versi l'uomo è rilassato, liberato dalla tensione, e si infila allegramente sulla provinciale.

"Ceniamo per strada o aspettiamo d'essere a casa?"

"A quest'ora è meglio aspettare. A casa o in qualche altro posto, ma a Barcellona."

La macchina procede nella notte quando, a un tratto, in lontananza, appare la figura di un'autostoppista, sempre più chiara con l'avvicinarsi della macchina.

"La prendo?"

"Fa' come vuoi."

"E se fosse una rapina?"

"Proprio tu dai retta alla campagna delle destre sull'insicurezza delle strade?"

"La responsabilità è tua."

L'uomo frena e quasi non si volta quando la ragazza sale in macchina e lo ringrazia. Di sfuggita ha visto che è bionda, giovane, cerca di guardare i suoi lineamenti nello specchietto retrovisore, ma la ragazza rimane nella penombra in un angolo.

"Andate a Barcellona?"

"Sì."

"Anch'io. Vi spiace portarmi fin lì?"

"Ci mancherebbe!"

Gli alberi passano veloci, come fuggendo dalla luce. A un tratto la ragazza dice:

"Attento, per favore freni. Si avvicina la curva della morte".

L'uomo aggrotta la fronte ma si vede costretto a frenare e a prendere con molta attenzione una curva pericolosa nella quale le gomme slittano. Quando l'ha superata commenta:

"Aveva ragione. Accidenti che curva. Meno male che mi ha avvertito. Grazie".

Volta il viso sorridendo ma ora le sue fattezze esprimono tutta la perplessità di questo mondo. Sul sedile posteriore non c'è nessuno.

"Neus," dice con voce grave.

"Che cosa?" risponde la sua compagna con fare distratto.

"La ragazza è caduta."

"Quale ragazza?"

"Quella che era con noi."

E rallenta sino a fermare la macchina. Neus si è girata e guarda sorpresa il sedile posteriore vuoto. L'auto fa marcia indietro fino a raggiungere la curva. Si ferma. Scendono. Cercano tra i cespugli illuminati dai fari. Nulla. Nessuno. La coppia si guarda con un'espressione tra il terrorizzato e l'allucinato.

Sono stati necessari due bicchieri di cognac caldo perché la coppia trovasse il coraggio di parlare di quello che ha visto e di quello che non ha visto.

"Non abbiamo avuto le traveggole, vero?"

"Se le hai avute tu, le ho avute anch'io."

"Né tu né io siamo matti, vero?"

"Vero."

"Siamo costretti a informare la Guardia civile."

E si dirigono verso la caserma della Guardia civile, dove si fermano e restano per un po' con il motore acceso e i pensieri bloccati.

"Mi fa sempre un certo senso entrare lì dentro. Ricordo ancora le botte che mi hanno dato."

"Adesso sono al servizio dell'ordine costituzionale."

"Il lupo perde il pelo ma non il vizio."

Ad ogni modo, si armano di coraggio morale e dei valori democratici per avanzare prudentemente saldi sui ciottoli che aprono il cammino tra le due garitte su cui spicca il motto "Tutto per la Patria." Le difficoltà cominciano quando devono spiegare a una delle guardie davanti alla porta il motivo per cui vogliono parlare con il sergente.

"Vede, si tratta di una scomparsa. Della scomparsa di una persona che viaggiava con noi in macchina... No, non si tratta di un parente, né di un amico. Una ragazza che faceva l'autostop."

"E vi preoccupate tanto per un'autostoppista? Quella gente sale e se la fila all'inglese."

"Ma è scomparsa senza uscire dalla macchina."

"Senza uscire dalla macchina?"

La guardia tarda a comprendere le parole che lui stesso ha ripetuto, e quando capisce li studia come se si trovasse davanti due buontemponi o due disgraziati, di quelli che campano tra bicchieri o siringhe. Ma non hanno l'aspetto di ubriaconi o di tossici, e si arrende di fronte a ragioni superiori, indicando loro la strada per l'ufficio del sergente.

Consapevole della difficoltà di rendere verosimile la storia, Martí Capdevila adotta un'altra formula per affrontare l'argomento davanti al sottufficiale.

"Mi chiamo Martí Capdevila e sono venuto a fare una denuncia."

"Lei è quello del comizio?"

"Sì."

"L'ho sentito e l'ho visto. Be', di che si tratta?"

Il sergente della Guardia civile guarda con la coda dell'occhio l'orologio sulla parete accanto al ritratto di Juan Carlos.

"Ecco, vede, la storia è incredibile. Meno male che non ero da solo, che ero insieme alla mia compa... be', la mia signora. Stavo per arrivare a una curva, quella tanto brutta..."

"La curva."

C'è una certa rassegnazione nella voce del sergente.

"Sì, la curva."

"La curva della morte. E c'era una ragazza che faceva l'autostop."

"Infatti."

"Bionda."

"Mi pare."

"Bionda," conferma Neus seduta dietro il suo compagno.

"E lei le ha dato retta. Ha frenato. E quando si è voltato per ringraziarla era sparita."

"Proprio così. Di che si tratta? Uno scherzo locale? Un numero da sagra del villaggio?"

Il sergente diventa serio. Apre un cassetto e mostra all'uomo un fascio di incartamenti.

"Tutte storie come la sua. Sette. La stessa ragazza. La stessa menata. E il bello è che la ragazza descritta non può comparire davanti a nessuno. È impossibile."

"Perché?"

"Perché è morta. È morta in un incidente, appena sposata, proprio lì, alla curva della morte. Morta e sepolta da un pezzo. Ma non c'è mese che non venga qualcuno a raccontarmi di averla fatta salire in macchina mentre faceva l'autostop e bla bla bla, la solita solfa."

"Ma c'è una spiegazione razionale?"

"Suggestione. Tutta suggestione. Certamente le avranno raccontato la storia e ora se l'è immaginata. Oggi è stato un po' così, nuvolo, umido, una giornata da fantasmi e streghe, di *meigas,* come si dice dalle mie parti. Vede, se fossi una Guardia civile del Sud forse non capirei, ma io sono gagliego, e noi gaglieghi di streghe ce ne intendiamo, mi creda. Per cui le consiglio di bersi un paio di bicchierini, di dormirci sopra, e domani è un altro giorno."

"Ma io non ero solo, ero con Neus, la mia comp... la mia signora, e lei ha visto quel che ho visto io."

"Una coppia ben assortita."

"Senta, sergente, l'ho visto con i miei occhi e io non credo ai fantasmi."

"Nessuno crede ai fantasmi, signora, ma sono in tanti a inventarseli. Io prendo nota della vostra dichiarazione e l'inoltro ai miei superiori perché capiscano com'è interessante il mio lavoro. Mezz'oretta alla macchina per scrivere e non ci si pensa più."

"Lasci perdere. È assurdo. Io stesso non saprei come spiegarlo."

"Lo vede anche lei."

Il sergente ha allargato le braccia accogliendo l'immensità dell'assurdo e si alza per accompagnarli alla porta.

"Bravo al comizio, duro, ma tranquillo, è così che bisogna fare perché la gente non si dia agli eccessi."

"È un peccato che non militiate nelle Commissioni operaie, perché di certo ci dareste il vostro voto."

"La Guardia civile non è né delle Commissioni operaie, né dell'UGT, né di un'altra forza politica o sindacale. La Guardia civile è della Spagna, della Spa-gna. Di tutti noi, suvvia. In ogni modo, buona fortuna e cerchi di non raccattare altri autostoppisti. Un giorno o l'altro potrebbe avere una brutta sorpresa e non esattamente per via dei fantasmi."

Biscuter prende una casseruola fumante dal cucinino e la mette sulla scrivania di Carvalho.

"Casseruola di ripieni, capo, da leccarsi le dita."

"Ripieni di che cosa?"

"Patate, pomodori, peperoni e zucchine ripieni di carne trita di maiale con un pizzico di noce moscata. Che gliene pare?"

"Promettente."

Carvalho annusa la casseruola, ma deve sollevare il naso perché qualcuno è entrato in ufficio. Un tipo del genere progressista, con la barba, tra la seconda e l'eterna giovinezza, vale a dire sull'orlo della quarantina.

"La porta era aperta."

"E continua a esserlo, per cui la prego di chiudere, a meno che non aspetti qualcuno."

"No, sono solo, ma disturbo, è evidente."

Indica la casseruola.

"No. Non disturba. Sto per mangiare quello che ha cucinato Biscuter, il mio aiutante, e può anche lei, se gradisce."

"A quest'ora?"

"Se lei fosse in Inghilterra, a quest'ora si farebbe fuori un paio di uova fritte con bacon, un po' di quegli orribili cereali mummificati con latte, succhi di frutta, tè al latte. Che cosa le vieta di mangiare dei pomodori ripieni profumati di noce moscata?"

"In effetti, presa da questo punto di vista..."

"Esatto. È una questione di punto di vista."

Biscuter è molto soddisfatto del discorso di Carvalho e segue con attenzione i movimenti del detective che si serve e assaggia.

"Buono. Buonissimo. Serviti da solo, io devo parlare con questo signore."

Biscuter si serve e se ne va. Carvalho distoglie l'attenzione dal piatto per invitare il visitatore a sedersi. Carvalho mastica assaporando e aspetta l'intervento dell'uomo. È imbarazzante cominciare a parlare mentre Carvalho mangia, ma infine si decide.

"Lei crede alle apparizioni?"

"Dipende dalle madonne."

"Ma di che madonne mi parla?"

"Delle madonne che sono apparse. Sono molto poco oggettivo. Credo per esempio in quella di Lourdes, ma ho qualche difficoltà a credere in quella di Fatima."

"Non parlavo di loro. Mi riferivo alle apparizioni dei morti."

"Non mi occupo di questioni politiche."

"Mio fratello è un politico, di sinistra. Gli è apparso un morto, una morta per la precisione."

"L'avverto che intendo farmi pagare per questa sua visita."

"Sono pronto."

"Allora continui pure."

"Tutto è cominciato tre settimane fa. Mio fratello aveva tenuto un comizio in vista delle elezioni, era insieme alla sua compagna, e mentre tornavano la sera tardi, in piena provinciale..."

Carvalho ascolta la storia, la immagina, la rifiuta, ironizza.

"Da quanto raccontate, potrebbe trattarsi della madonna di Fatima in pellegrinaggio a Roma in autostop."

"Tutte le battute che le possono venire in mente le ho già fatte io."

"Baciapile del cavolo. Adesso hanno la fisima dei comportamenti moderni. Prima volavano sulle ali degli angeli o sul reattore, con sistemi tecnologici che appartenevano o appartengono al segreto divino. Ma ora hanno deciso di secolarizzarsi e si lanciano sulle provinciali a fare l'autostop."

Mentre l'altro annuisce non perde il sorriso.

"Ha finito di sfottere?"

"Stavo pensando a voce alta."

"Eppure, nonostante tutto, il problema esiste, e ci rivolgiamo a lei proprio perché riteniamo debba avere una spiegazione razionale."

"Sul serio?"

"Sul serio. La faccenda sta cominciando a diventare drammatica. Da principio sembrava quasi che mia cognata avesse digerito il fatto, ma adesso sta peggio di mio fratello. Mi fa paura, ho paura che perda la ragione. Non hanno sognato. Hanno visto quello che dicono. Altrimenti non sarebbero così scossi. E se l'hanno visto è perché è accaduto."

"Lo inserisca nel capitolo degli Ufo, mi dia retta. Oggetto volante non identificato, e non si faccia cattivo sangue. Butterebbe via i suoi soldi."

"Riguarda soltanto noi."

"Peggio per voi."

Fissato il prossimo appuntamento, recupera lo spazio e il tempo per fare onore al manicaretto di Biscuter. Lo sgorbio torna dal suo esilio di casseruola.

"Hai ascoltato, no?"

"Sì, capo."

"Ebbene?"

"Ho i coglioni al posto della cravatta, capo. Glielo giuro."

Neus è rimasta come inebetita, si guarda le mani e cerca di concentrarsi su un punto della stanza. Nell'appartamento da giovane coppia i mobili costosi sono stati sostituiti da enormi cuscini e i quadri e le litografie da poster di solidarietà per il Nicaragua, l'Olp, i comitati anti Nato. Martí carica lentamente una pipa, la accende come se non badasse alla presenza del fratello e di Carvalho.

"Ho raccontato tutto quel che avevo da raccontare."

"Ma, Martí, le cose non possono essere andate come dici tu. Fa' uno sforzo. C'è stato un lasso di tempo fra l'uscita dalla curva e la scomparsa. Frenando, perché senza dubbio hai frenato per fermare la macchina, lei ha colto l'occasione per andarsene."

"E le altre storie? Le altre persone che l'hanno vista? E Neus? È in quello stato perché le piace? Neus, di' a questi qui che sei in quello stato perché la cosa ti diverte. Com'era la ragazza, Neus?"

"Bionda, molto bella."

Neus arriva da lontano e se ne torna lontano.

"Avete sentito? E Neus è razionale quanto me. Quanto voi."

"Non mi tiri dentro in questo pasticcio. Io sono un professionista e per me i misteri, quelli veri, vanno dalla Santissima Trinità in su."

"Un altro del club degli scettici. E tutti coloro che l'hanno vista?"

Carvalho prende un appunto dal taschino della giacca.

"Sono tutti qui. Sette. A dire il vero, ciascuno è un caso a sé, ma a suo tempo hanno sostenuto tutti di aver fatto salire in macchina la donna fantasma con il seguito che conosciamo. Andrò a trovarli.

Uno dopo l'altro. Lascerò che mi raccontino la loro storia. Uno dopo l'altro. Non mi manca la pazienza, amico, ma prima di cominciare a muovermi vorrei chiarire due cose. Può darsi che arrivi a spiegare la faccenda razionalmente, come può darsi di no, e non che io creda ai fantasmi, ma ho una lunga esperienza nelle indagini e talvolta non si riescono a scovare le persone in carne e ossa. Tantomeno i fantasmi. Poi non voglio storie."

"Nessuno le farà storie."

"Adesso lasciatemi solo con lei."

I due uomini esitano, ma infine decidono di uscire dalla stanza. Carvalho rispetta il silenzio assorto della donna. Si alza in piedi. Va verso la finestra da dove osserva il panorama serale di una piazza recuperata dalla democrazia alla città dei parcheggi e dei congressi. E dalla finestra la chiama:

"Neus".

"Sì."

"A chi assomigliava l'autostoppista?"

"Era bionda e molto bella."

"Martí dice che quasi non l'avete vista."

"Gli uomini sono meno osservatori. Ci mettono più tempo a cogliere i dettagli."

Carvalho si volta e le porge una fotografia.

"È lei?"

"Sì."

Una bellezza malata e triste, una bionda indolente ma bella.

"Questa foto l'ho ritagliata da una rivista che parlava dell'incidente in cui è morta. È la foto di una morta."

"Sì."

"E nonostane tutto lei insiste a dire che è l'autostoppista che vi ha fermato?"

"Aveva un aspetto diverso, non era proprio così."
"Che cosa intende dire?"
"Sembrava più stanca. Molto stanca."

Un ristorante sulla provinciale. Camion e macchine, tramestio dietro il banco, formicolante, una fabbrica di cibo, economico, con una certa dignità negli odori.

"In arrivo i fagioli con la salsiccia."

"Due lonze con le patate."

"Due risi alla cubana e due conigli con l'*alioli*."*

Camionisti semiaddormentati dal sopore della digestione, si potrebbe dire sostenuti dal sigaro nazionale che langue tra le labbra. Viaggiatori di commercio, vestiti tra l'agghindato del rappresentante di merceria e il trascurato del rappresentante di mangimi composti o vernici per mobili. Carvalho si avvicina a un tavolo di viaggiatori.

"Jaime Vila?"

"Da quando sono nato. Ho parcheggiato male la macchina?"

"Dovrei parlarle."

Jaime Vila si porta dietro il sigaro, la cravatta con spilla, i baffetti, i capelli un po' lunghi, forse per coprire le orecchie troppo grosse o per aggiungere una nota di modernità reale all'immagine da manichino dei grandi magazzini El Corte Inglés.

"È per via dell'apparizione sulla provinciale."

"Ancora?"

"Sono un detective privato e ho un paio di clienti quasi impazziti per questa storia."

"Gradisce un caffè corretto? Senza il mio caffè

* Salsa catalana a base di olio e aglio lavorati insieme sino a formare un'emulsione simile alla maionese.

corretto sono un uomo morto. Daniel, due corretti, il mio Chinchón. E lei?"

"Acquavite."

"Zacchete, così mi piacciono gli uomini. Per me, quella dell'apparizione è una storia vecchia."

Giocherella con un dito su un rivolo di liquore rimasto sul banco. Sembra disegnare una strada tutta curve, ma a un tratto riemerge dai suoi pensieri per affrontare Carvalho.

"Adesso faccio fatica a credere che sia accaduto."

"Eppure l'ha dichiarato alla Guardia civile."

"Allora ci credevo, è vero. Ma poi... Senta, io sono un uomo pratico. Vivo di vendite e grazie a quella palla dell'apparizione ho fatto degli ordini che non sto neanche a dirle. Non mi sarò forse inventato tutto?"

"Nel suo dossier si parla di shock emozionale."

Sorride con una certa tristezza.

"Shock emozionale, è vero. E uno crede di avere fatto il callo a tutto dopo la naja. Lei l'ha fatta, la naja?"

"Cinque o sei volte."

"Cinque o sei volte? Una non le bastava?"

"Mi ero affezionato a un sergente."

"Nel mio caso, a una mula."

Il viaggiatore ride della propria battuta con un'ilarità che fa voltare la testa ai clienti più vicini.

"Sul serio, nemmeno io so se sia accaduto o meno. Quando ho firmato la dichiarazione mi sarei fatto tagliare una mano pur di provare che quel che avevo visto era vero. Ma è passato un sacco di tempo."

"Secondo i miei dati, sono passati undici mesi. Molto poco."

"Undici mesi. Per me è una vita."

Gli rompevano le palle i filosofi in generale, ma soprattutto i filosofi da provinciale, e soprattutto gli dava fastidio che il viaggiatore non volesse assumersi la responsabilità del proprio sogno. Carvalho schioccò la lingua in segno di disapprovazione.

"Non è tanto bello darsi la zappa sui piedi. Certamente si sarà vantato paecchio dell'accaduto, e se ora si smentisce la crederanno un cialtrone."

"Pensino quel che vogliono." Ha un'espressione grave l'uomo mentre prende Carvalho sottobraccio: "Sono stato sul punto di impazzire e nessuno è venuto ad aiutarmi. In cambio dello spettacolo gratuito ho ricevuto soltanto disprezzo e prese in giro".

"Ma lei ha visto qualcosa che noialtri non abbiamo visto. Il suo è un caso singolare."

"Non la capisco molto, ma mi pare che lei mi stia dicendo che sono un caso fuori dalla norma."

"Proprio così."

"Col cavolo. Io sono una persona normale. Non aspiro né a diventare re di Spagna né a fare l'astronauta, mi limito a raccattare ordini e a tirare avanti. Se intende resuscitare dei fantasmi, non conti su di me."

La vecchia che gli apre la porta è leggermente più vecchia di quell'altra che gliela chiude alle spalle. E le due anziane custodi lo accompagnano lungo un corridoio pieno di miniature incorniciate alle pareti, quadretti di fiori secchi e di capricci di Goya, minacciosi nella penombra di un corridoio lungo e ricoperto di tappeti. Finiscono in un salotto così pieno di cose che c'è spazio a malapena per un'altra vecchia più giovane, protetta da uno scialle, davanti a un tavolino coperto con una tovaglia.

La vecchia leader alza due volte energicamente la testa e le due ombre anziane lasciano Carvalho alla sua sorte.

"Sono le sue segretarie?"

"Sono le mie cognate zitelle."

"Lei, signora, è la vedova Botanch?"

"Vedova, dice proprio bene, vedovissima. Se non fossi stata vedova non sarebbe accaduto quel che è accaduto."

C'è qualcosa nell'aspetto di donna Elvira Vilarana in Botanch che tiene Carvalho all'erta e inquieto. Finalmente capisce di che si tratta. La vecchia porta la parrucca storta, e dietro la sua testa pende un quadro, ugualmente storto. Carvalho si alza per mettere il quadro a suo agio in un salotto agiato di un appartamento agiato sopra il vecchio negozio di famiglia dei Vilarana.

"Con la morte di mio padre ho ereditato la bottega, sa, e mio marito, che era il garzone, è rimasto, e poi ci siamo sposati. Il poveretto è venuto a mancare due anni fa, alla vigilia di san Giuseppe, poveretto, e si chiamava come il santo, il poveretto. Era un uomo così spiritoso!"

"Perché dice che se suo marito fosse vivo non sarebbe accaduta quella storia della provinciale?"

"Perché se quelle tipe vedono un uomo come Dio comanda non fanno vandalismi."

"È stato un vandalismo?"

"Sicuro."

"Ma la ragazza è salita in macchina, l'ha avvertita della pericolosità della curva e quando lei si è voltata per ringraziarla, non c'era più. Questo è vandalismo?"

"È pessima educazione andare via senza dire niente."

"Lei ritiene che gli spiriti sovrannaturali non possano filarsela all'inglese."

"Gli spiriti non dovrebbero esistere, lo sa, giovanotto? E a quell'ora, poi, non so nemmeno perché mi sono fermata. Ma sì. Perché era una ragazza così carina, così distinta, che ho pensato: poveretta, deve aver avuto un incidente, o sarà rimasta senza benzina, la strada, di sera, per una donna sola è molto pericolosa. Per questo mi sono fermata. Se avessi saputo il seguito, non l'avrei fatto."

"Quale seguito?"

"La scomparsa."

Carvalho si passa la mano sul viso, non irritato, ma in cerca di se stesso, per convincersi di essere proprio lui ad ascoltare quello strano miscuglio di apparizioni e bon ton.

"Ho spiegato tutto alla Guardia civile e sto ancora aspettando che mi dica qualcosa. Se mio marito fosse vivo, le cose andrebbero diversamente. Lui aveva un carattere forte e non si lasciava mettere i piedi in testa da nessuno. Quella ragazza ci avrebbe pensato due volte prima di fare una volgarità del genere. E la Guardia civile? È per questo che la paghiamo? Ho dovuto insistere perché mi lasciassero deporre, dicevano che forse me l'ero sognato, e un giovinastro senza educazione né niente del genere ha addirittura insinuato che fossi ubriaca. Gradisce un bicchierino di anice?"

"L'anice mi torna su."

"Forse perché beve dell'anice dozzinale. Questo è un Machaquito, un anice buonissimo di Cordova. Vado spesso a Cordova per vedere il flamenco. Io sono catalanissima, ma vado matta per il flamenco e per i tori. A lei piacciono i tori?"

"Alla griglia, il filetto poco cotto e con salsa bernese. Oppure stufato."

"Ma prima i tori vanno combattuti e uccisi. Questo anice si chiama come un grande torero di molti anni fa. Mi passi il libro che sta su quello scaffale e gli levi di sopra il panino con la mortadella che ha dimenticato mia cognata. È stata educata con i piedi, eppure era di buona famiglia. Un giorno la spedirò all'ospizio, e vedrà che divertimento."

È un libro sulla tauromachia, e la vedova Botanch occupa l'intera superficie del tavolo nell'aprirlo.

"Guardi. Questo è uno schizzo di una mossa di Machaquito, somiglia molto alla *chicuelina*, ma con la mano destra un po' più alta. Vede? Così."

La vedova si leva lo scialle e si alza in piedi. Ne prende gli orli e flette il busto a destra, come per arrotondare la mossa, e sembra suggerire un'inclinazione anche per via della parrucca storta.

"Prenda il drappo, vedrà come funziona la mossa."

Entra nella stanza una delle vecchie, ma non si ferma. La attraversa per uno scopo ossessivo che conosce soltanto lei, e passando butta là il suo commento.

"Della *chicuelina* non ci vedo proprio un bel niente."

"Se continui a contraddirmi ti mando dritta all'ospizio, lavativa!"

Occhiali scuri, chioma nera, lucida, il tassista di Montchicoi si passa più e più volte il pettine tra i pettinatissimi capelli. Ha i muscoli bianchi, una pelle da tisico bruno, e parla con Carvalho tenendo il corpo appoggiato con la punta del culo sulla carrozzeria in piena plaza Mayor di Montchicoi.

"Questo non l'ho detto alla Guardia civile, ma io me la stavo lavorando."

"Che cosa intende?"

"Le avevo chiesto se era fidanzata, e che cosa ci faceva senza fidanzato una bella ragazza come lei."

"E lei ha risposto?"

"Direi di no. Ma chi tace acconsente."

"Come spiega la sua scomparsa?"

"Di sicuro mi ha spruzzato qualcosa e io ho perso i sensi. Una spruzzatina e mi ha messo ko. Se n'è andata e quando mi sono svegliato non capivo più nulla."

"E perché, questa spruzzatina?"

Il tassista si guarda le unghie.

"Io sono un uomo e lei una bionda fenomenale. Senza dubbio devo aver esagerato, ma non ricordo niente."

"Esagera spesso?"

"Se posso, sì. Sarei sciocco, altrimenti. Io guido con una mano sul volante e l'altra che pende dietro il sedile. Se ci mettono vicino le gambe, vuol dire che a loro la vicinanza della mano non scoccia, e gira di qui o svolta di là, la mano viaggia, come se non volesse. A volte ci rimani con un palmo di naso, ma altre combini pure."

"Quella sera non ha combinato niente."

"E come faccio a saperlo? Chi può sapere che cos'è accaduto? Senta. Forse lei lo sa già. Dicono di spedizioni di marziani che vengono a succhiarci quel che abbiamo dentro per assumere le nostre sembianze. Questa donna non potrebbe essere una marziana?"

"Lei ha notato se mancava qualcosa nel suo corpo?"

"Niente. Io ho tutto al suo posto e per partita doppia, ripetuto, nel caso qualcosa faccia cilecca."

"Quella sera aveva lasciato pendere la mano, come le altre volte."

"Direi di sì."

"E aveva toccato carne umana."

"Sicuro."

"Lo suppone o ne è certo?"

"Le ho già detto che non ricordo quasi nulla, ma tutto quel che ricordo era stato molto gradevole, o comunque mi aveva lasciato una sensazione molto gradevole. Sicuro che abbiamo combinato, perché mi conosco e a me piace concludere. E concludo bene, eh, molto bene. Devo essermi fatto trentadue o trentatré clienti... aspetti che controllo." Estrae una piccola agenda dalla tasca posteriore dei pantaloni.

"Trentadue. Trentatré se contiamo anche lei, ma non posso affermarlo con certezza e non mi piace attribuirmi medaglie immeritate. E tutte scopate consenzienti, non mi prenda per un violentatore da strada. Mi sono anche beccato qualche sberla, ma in genere tutto fila liscio. Il mio è un lavoro fine. Mentre le preparo e anche dopo. Non ce n'è mai stata una che sia venuta a reclamare perché l'ho messa incinta."

"Dove ha imparato la sua tecnica prodigiosa?"

"Ci si nasce. Ho un cazzo che è come un violino magico, capace di interpretare qualsiasi partitura. Se lei mi vedesse agire... non si nota quasi. Una persona a un metro dal taxi non noterebbe che sono dentro a fare su e giù. È un dono speciale, gioco di fianchi, delicatezza di dita. Mi piace molto tirarlo fuori di tanto in tanto per vedere che faccia fanno."

"Che faccia fanno?"

Il tassista ride e si batte una mano con il pugno.
"Come una bambina a cui si porta via il lecca lecca mentre se lo sta ciucciando."

"No. Non accenda la luce, per favore."
Ha potuto vedere a malapena l'ometto emaciato, con gli ultimi capelli tanto scarsi e putridi quanto i peli che gli pendono dal naso a mo' di baffi. Non me lo stanchi troppo, per favore, l'ha scongiurato la figlia. Da quando gli è capitata quella storia sulla provinciale non si è più ripreso, ha aggiunto la moglie. Ed è lì nella penombra. Con un labbro tremulo e il sospetto che tutti i mali gli possano venire dall'oscurità; non tutti, quasi tutti. I rimanenti possono venire dalla luce. Muove la testa come un cieco, come se cercasse di smuovere il fondo oscurato del proprio cervello.
"Sono venuto per parlare di quella storia sulla provinciale."
"La bambina. Sì, la bambina."
"Non era una bambina, era una ragazza."
"Era una bambina, l'ho investita e poi ho detto che era una ragazza perché mi vergognavo di avere investito una bambina. Ma non l'hanno trovata."
Ride con il riso di un'astuta volpe argentata.
"Sa perché non l'hanno trovata?"
"No."
"Perché mi sono concentrato, ho chiuso gli occhi e ho detto: Dio mio, ormai è morta, fa' che non la trovino, perdonami e fa' che non la trovino. E Dio mi ha ascoltato perché è di Navarcles."
"Chi è di Navarcles?"
"Dio. Dio è di Navarcles, come me. Siamo tutti e due dello stesso paese. Al contrario, se fosse stato di Manresa non mi avrebbe ascoltato. Quelli di

Manresa si credono i padroni del mondo. Vogliono essere una provincia."

Il vecchio si è alzato come scosso dalle penultime forze.

"Finché sono qualcuno nella zona del Bages, Manresa non diventerà provincia e ancor meno capoluogo. Al mondo non c'è niente di peggio dei manresani. Lo sa che se non fosse stato per loro, adesso noi saremmo francesi? Tutta la cospirazione per mettere la Catalogna contro Napoleone è stata tramata a Manresa. Altrimenti, adesso la Catalogna sarebbe libera, oppure una prospera regione della Francia, e gli spagnoli un popolo a parte, e noi avremmo bisogno del passaporto per attraversare l'Ebro e loro per venire qui."

"Vorrei che parlassimo un po' della bambina che ha investito."

"Quale bambina? Io non ho mai investito nessuno. Cinquant'anni che ho la patente e ancora non so che cosa sia un incidente."

"Mi riferisco alla ragazza che era salita sulla sua macchina e poi è scomparsa."

"Era forestiera. Parlava in castigliano."

"Si era seduta sul sedile posteriore."

"No. Davanti. Accanto a me."

"Ed è scomparsa."

"Sì."

"Lei immagina come?"

"Una gitana, di sicuro era una gitana. Io ai gitani ho visto fare cose incredibili. Durante la guerra conobbi un gitano che aveva un ombelico grosso come un uovo. Quando voleva, lo cacciava in dentro senza toccarlo e se voleva farlo uscire, gli bastava fare così, come per tossire, e l'ombelico gli tornava fuori."

"Perché dice che era una gitana?"

"Perché mi pare che fosse scalza. Ma io non voglio parlare di niente di tutto ciò perché poi quelli di Manresa lo adopereranno contro di me. La Guardia civile che mi ha interrogato dev'essere di Manresa, l'ho capito subito dove voleva andare a parare. Sulla stampa locale io mi sono opposto alla formazione di una provincia manresana e loro non me l'hanno perdonato. Ma io le dico che finché posso..."

Si alza con l'impulso delle ultime forze e grida: "Non glielo consentirò!".

Carvalho lo lascia alla sua penombra eterna e va incontro a moglie e figlia.

"Cos'è questa storia del Dio di Navarcles?"

La moglie scoppia in singhiozzi.

"Ahi, me lo rinchiuderanno! Ahi, me lo rinchiuderanno! Quante volte gli ho detto di non parlare del Dio di Navarcles."

"Taci, mamma, calmati. Questo signore non dirà nulla a nessuno. Mio padre crede che ogni paese o città abbia il suo dio e lui crede solo nel Dio di Navarcles."

"E ci credeva anche prima dell'incidente?"

"Prima dell'incidente ci scherzava sopra, è stato sempre di idee molto così, contrarissimo ai preti."

"Ma è un innocente," taglia corto la madre, inquietata dalle rivelazioni della figlia a uno sconosciuto.

"Adesso, questa storia del Dio di Navarcles, lui la prende sul serio," mormora Carvalho, come parlando a se stesso.

L'annuncio prometteva bene, come un corno dell'abbondanza: "Prosciutti all'ingrosso Mena", ma

Carvalho diffidava dei prosciutti all'ingrosso ancor più che dei polli all'ingrosso. Un prosciutto all'ingrosso non può essere buono. I prosciutti vanno curati uno a uno, dieci a dieci, mai mille a mille; e produrre cattivi prosciutti, questo sì, è antispagnolo. La scampanellata di Carvalho viene seguita dall'apertura del portone del magazzino e dall'arrivo di una ragazza che ha l'aria di chi è appena uscito da un'itterizia, e insieme alla ragazza arriva una zaffata di rancide lontananze che cerca di dissuaderlo dal proseguire. Ma il magazziniere aveva severamente ordinato di condurlo in sua presenza e la ragazza epatica gli camminava davanti, facendo strada con passetti da giapponese in cattivo stato di salute. Invece, l'uomo che gli viene incontro, infagottato in uno spolverino grigio, ha il colorito del campagnolo, così come disegnavano e dipingevano i campagnoli nelle illustrazioni urbane gli artisti poco amanti della vita di campagna. Guanciotte colorite e reti di venuzze lilla in tutta l'orografia reticolata di una faccia da mangiatore e bevitore senza rimorsi.

"José Mena Guiteriz, suppongo."

"José Mena Güiteriz. Con la dieresi. Se lo mette per iscritto, per favore, ci metta sempre la dieresi, accidenti, se c'è qualcosa che mi irrita a questo mondo è che scrivano il mio cognome senza dieresi. Fin da piccolo. E poi nell'Arma."

"Ritirato dalla Guardia civile."

"In pensione, sissignore."

La stanza in cui si trovano sembra una grotta dove stalattiti e stalagmiti sono state sostituite da prosciutti gocciolanti che pendono dal soffitto o si ammucchiano per terra.

"Stavo andando con il furgoncino pieno di prosciutti, perché uno arrotonda la pensione con qualche lavoretto, e mi vedo davanti la ragazza. Non che mi piaccia troppo l'autostop, ma mi sono detto: a quest'ora, poveretta, farà fatica a trovare qualcuno che si fermi e da qui non passa alcun autobus di linea. Tant'è che le ho fatto un po' di spazio in mezzo ai prosciutti..."

"Vale a dire che è sceso dal furgone, ha scostato alcuni prosciutti, le ha fatto posto..."

"Sissignore. Era mio dovere. Non potevo cacciarla sopra quella prosciuttaia."

"Quindi l'ha vista."

"Vederla, vederla... L'avevo accanto, la sentivo mentre spostavo i prosciutti e poi lei si è seduta, mi è passata davanti... Ma non gliela saprei descrivere con precisione... Era, sì, bionda e bella, anche se non saprei dire perché mi era sembrata bella. È stata un'impressione che ho avuto fin dall'inizio e che ho ancora."

"Ed è scomparsa."

"Proprio così."

"Senza dire niente."

"Manco crepa."

"Come se lo spiega?"

"Non me lo spiego."

"Che cosa intende?"

"Be', che io ho fatto il mio dovere. Ho aiutato una persona. Se non era come doveva, peggio per lei."

"Non la preoccupa che sia sparita? Perché la ragazza non aveva aperto la portiera."

"Nossignore."

"È sparita con il furgone in marcia."

"Proprio così. Ma la devo avvertire che io, soprattutto di notte, guido piano."

"Cioè, che poteva saltar giù."

"Per potere, poteva, ma non è saltata perché sarebbe rimasta spiaccicata come un fico maturo."

"Allora?"

"Decida chi se ne intende. A ciascuno il suo. Io ho i miei prosciutti. Ma quella sera ho fatto una promessa che spero di mantenere finché campo. Non tirerò mai più su un autostoppista. Se la gente non facesse salire in macchina gli autostoppisti, queste cose non accadrebbero."

Lo sconcerto di Carvalho fa dubitare l'ex Guardia civile della chiarezza della propria esposizione.

"Mi capisce?"

"No. Se la gente non tirasse su gli autostoppisti, senza dubbio gli autostoppisti non sparirebbero dalle macchine, ma non si chiarirebbe comunque il problema dell'esistenza o della non esistenza dei fantasmi."

"Decadenza dei costumi. Storie che accadono adesso, ma che prima non accadevano, perché la gente rigava dritto. Si era mai visto che persino i bambini facessero l'autostop per strada? La gente è quella che è, e questo vale soprattutto per gli spagnoli. Cominciano a fare l'autostop gli automobilisti nei guai e finiscono col farlo persino i poppanti per andare a farsi allattare dalla mamma."

"La donna non ha parlato. Ha detto solo quella cosa della curva."

"Solo."

"Come ha commentato la Guardia civile quando lei è andato a sporgere denuncia?"

"Che non si sarebbero mai aspettati nulla del genere da uno dell'Arma. E avevano pienamente ragione."

Non si sa, o quantomeno non è stato registrato, quale fu il modello originario di convento che in seguito è diventato regola formale profusamente ripetuta. Ma lì c'erano i caprifogli tumultuosi e sospettosamente carnivori che soverchiavano i passanti penzolando dal muro ingrigito dal tempo e dalle piogge che circondava il convento delle suorine di santa Chiara. Sembrava che le piante cercassero di scappare saltando dai muri e che volessero attirare l'attenzione della gente di passaggio sulla loro volontà di fuga.

Odorava di solitudine e umidità l'oscuro atrio d'ingresso, e la madre addetta alla ruota gli era sembrata un frammento di suora dipinto da un discepolo minore di Zurbarán in fondo al riquadro dello spioncino. Non si era sorpresa la suora all'annuncio della professione di Carvalho e, per quel che concerneva le sue intenzioni, aveva detto di dover chiedere il permesso alla madre superiora. A quanto pare lo ottenne, perché le serrature cominciarono a lamentarsi e poco dopo i cardini della porta, pesante e piena di croci fissate con borchie, cigolarono, feriti dall'ossidazione, e davanti a Carvalho rimase una suorina che non levò mai gli occhi da terra mentre lui le parlava e che in seguito lo condusse lungo un dedalo di corridoi e, ormai in giardino, di aiole in cui lavoravano altre suore che avevano un fazzoletto bianco in testa e la zappa o il rastrello maneggiati con la destrezza del mestiere. La suorina rispondeva a monosillabi alle domande di Carvalho sullo scopo di tanta coltivazione e, in vista ormai di colei che sembrava la madre superiora e di altre due suore, scomparve a dritta come all'incontro di una nave che vedeva soltanto lei.

Carvalho fu conciso nello spiegare le ragioni della propria visita, e la superiora lo ascoltò con gli occhi apparentemente chiusi, anche se di nascosto guardava ora la sorella a dritta ora quella a manca.

"È apparsa e scomparsa."

"È apparsa e scomparsa."

Hanno detto una dopo l'altra, la prima interrompendo il bisbiglio di una preghiera e l'altra senza smettere di sgranare il rosario.

"Capisco che voi, sorelle, possiate facilmente comprendere questo linguaggio, ma per me è difficile immaginare che una persona possa apparire e scomparire."

La superiora aveva aperto gli occhi e scrutava il retrobottega del candido sguardo di Carvalho.

"Le sorelle hanno detto quello che sanno. Abbiamo pregato molto per l'anima di quella donna, se mai è esistita e se non si tratta di un'immaginazione influenzata dalla notte e dallo stato di digiuno in cui si trovavano le mie figliole, perché eravamo in quaresima e ci avevano messo tanto zelo nel loro desiderio di compiacere Dio nostro Signore."

Quella che sgrana il rosario non ha occhi per Carvalho e sembra ribadire con la testa le parole della superiora, ma l'altra è una brunetta con le sopracciglia unite e l'ombra di un paio di baffetti e conserva negli occhi una giocherellona negazione direttamente collegata con gli occhi di Carvalho.

"Davvero, sorelle, si è potuto trattare di un sogno a occhi aperti?"

Disse sì con la testa quella muta nel corpo e nell'anima, ma l'altra respirò profondamente e scoppiò:

"Ho già detto alla madre superiora che credo fosse una donna in carne e ossa, molto simile all'immaginetta di santa Genoveffa di Brabante che suor Asunción tiene nella sua cella".

La superiora trattiene la voglia di farla tacere, e invece, con i suoi movimenti di testa, le fa segno di proseguire.

"Non so se devo, reverenda madre, ma Dio nostro Signore ci punisce se mentiamo e io l'ho vista come ora sto vedendo lei."

"Molto bene, molto bene, figliola. Così bisogna fare, dire la verità. Ma abbiamo già commentato la cosa molte volte e la sua compagna di quella sera non è tanto sicura quanto lei."

"Chiedo scusa a suor Valeria e a lei, reverenda madre, ma sta di fatto che suor Valeria, come al solito, non aveva alzato gli occhi da terra."

E continuano a pregare davanti a un ordine di silenzio della superiora.

Carvalho aspetta con pazienza un mistero di dolore e poi le lascia come un caso perduto e, quando ha già fatto qualche passo verso la porta, la suora ciarliera abbandona la compostezza e grida vivace:

"Per di più viaggiavamo sulla due porte della superiora, quindi la questione è un vero busillis".

Alla suora soddisfa molto che la cosa sia complicata. La sua compagna è sull'orlo di uno svenimento. La superiora la fulmina con i suoi vecchi occhi. Ma lo sguardo riconoscente di Carvalho la ricompensa e lei lo conserverà per anni come un trofeo costatole una dura penitenza.

Che sulla guida telefonica accanto al nome di Patricio Desclergues Biedma figuri la qualifica di "scrittore" non è precisamente uno stimolo per Carvalho. Chiede ragguagli a un amico che ha conservato legami con il mondo delle lettere e questi gli fa sapere che Patricio Desclergues è scrittore per giuramento, autore di un romanzo su un pomeriggio in gita al Lago Leman, nel 1915, senza altri personaggi che lo stesso Patricio, Isadora Duncan, Sigmund Freud e una puttana bambina ingaggiata in un bordello di Marsiglia. Il romanzo si chiama *Attitudini lacustri* e si presenta come nucleo organico di un'opera che andrà via via sviluppandosi fino ad arrivare all'invasione dell'Etiopia da parte delle truppe di Mussolini.

"La bambina fa la vivandiera."

"No. L'argomento non ha importanza."

"Allora, Patricio va alla conquista dell'Etiopia."

"Da quanto ha dichiarato ai giornalisti, l'Etiopia è una metafora e il fascismo è stato sempre una metafora."

"Comincio a orientarmi."

"Il massimo della scrittura postmoderna."

"Sono proprio fortunato."

Lo scrittore vive in una villettina semischiacciata da tonnellate di edera, in uno di quegli angoli ai confini della città sul punto di essere sfrattati dal piccone e da un blocco di appartamenti perché vi si possano riprodurre generazioni e generazioni di dirigenti aggressivi. In una fessura dell'edera si intravede una porta aperta e Carvalho passa per una zona di disimpegno tutta mosaici modernisti e piastrelle policrome ai muri, tra penombre e vicini odori di incenso. Gli viene incontro un cane appesantito e devoto che gli lecca le scarpe e lo segue nel suo percorso a ovest. Carvalho avanza verso la stanza da cui è uscito il cane e vi trova Patricio in posizione yoga che guarda Carvalho con un sopracciglio arcuato, chiaro avvertimento semantico di sorpresa per l'impertinenza dell'intruso.

"Mi chiamo Pepe Carvalho. Sono un detective privato. Sto cercando una ragazza che fa l'autostop e poi scompare."

"Un minuto, per favore."

Lo smilzo, biondastro, mingherloide giovincello gli ha chiesto tregua e continua a eseguire i suoi esercizi di respirazione yoga mentre Carvalho si dedica a curiosare nello studio dell'evidente intellettuale. Una macchina per scrivere con una pagina battuta a metà, da un lato della macchina i fogli scritti, dall'altro i fogli bianchi ancora da scrivere. Sembra aver finito gli esercizi perché si alza e si rivolge a Carvalho con uno strano rilassamento.

"La respirazione yoga è determinante per scrivere bene. Si scrive come si respira e ciò che non è barocco è giornalismo. Capisce?"

"No."

"Bisogna respirare con larghezza. Affinché il cervello non parta già sintatticamente stanco e metta subito il soggetto per finire in fretta la frase. Capisce?"

"Ora sì."

"Sto per l'appunto cercando di scrivere un romanzo sulla faccenda dell'apparizione e mi infastidisce il pantagruelismo tematico, troppo tema, come quelle donne orribili con molto seno e molto culo da dissimulare. Capisce?"

"Ci sto provando."

"L'aneddoto dell'apparizione mi affascina, ma è eccessivo, può corrompere il processo di scrittura, come ha corrotto la mia vita. L'ideale per uno scrittore è che non accada nulla, così lui deve inventare tutto. Soltanto così il tema è perdonabile. Vivo in piena contraddizione, perché il tema mi pare tanto eccessivo quanto improrogabile. Cerco di seppellire l'aneddoto. Per esempio," prende alcune cartelle e legge: "Come quei carri di spazzatura verdi che passarono e non passeranno, infiniti nel loro non essere di immondezza, alleggeriti dall'obbligo di vita nell'istante stesso in cui il fetore si reifica, eleva al cubo pestilenze madri e pestilenze figlie, agglutina l'ira delle piccole stelle sepolte in un millimetro di buccia d'arancia, senza fretta perché le assi gridanti sono peculiari del suo tempo, Dedalo volse lo sguardo all'indietro..."

"Chi è Dedalo?"

"Il protagonista. Omaggio personale a James Joyce nell'anno del centenario della nascita."

"Cioè, Dedalo è lei, un lei cui appare la morta."

"Questo non ha importanza."

"Volge lo sguardo all'indietro... ed è allora che si accorge che la ragazza non c'è più."

"Non così in fretta. Manca ancora molto per questo. Per il momento si volta a guardare perché sta cercando una scatola di fiammiferi. Manca ancora molto all'incontro sulla provinciale. Infatti l'incontro sulla provinciale sarà proprio alla fine e non avrà quasi importanza aneddotica. Sono riuscito a scrivere quattrocento pagine e proprio dodici pagine fa ho messo il protagonista al volante."

"Stupefacente."

"Altrimenti sarebbe giornalistico."

"Ora possiamo parlare dei fatti reali."

"Di quali fatti reali?"

"Di quel che è accaduto esattamente il giorno in cui le è apparsa la ragazza."

"Non dica sciocchezze. Come pretende che io parli dell'accaduto in termini naturalistici? Come se fosse 'realmente' accaduto? Che volgarità. Distruggerei il mio metodo di pensiero *ad hoc*, adattato alla stesura del romanzo. Lei capisce? Non mi interessa parlare con lei nella supposizione che tutto sia mai potuto accadere. Un simile punto di partenza potrebbe deformare la mia scrittura. L'importante è sempre il punto di vista, ed è questa la causa di morte di tutta una letteratura volgare, che si ostina a rendere verosimile da subito sia il punto di partenza sia il punto di vista. In letteratura non c'è altra verosimiglianza che quella letteraria, ripeto: quella letteraria. A lei piace leggere?"

"Mi restano pochi anni di vita."

"Un giorno verrà fuori uno scrittore geniale che non avrà mai letto niente, che non saprà nemmeno scrivere. Si limiterà a dettare delle parole, e quella sarà la letteratura pura."

"Non le interessa, quindi, quel che le è potuto accadere con la ragazza."

Patricio è sull'orlo dello svenimento.

"Che cose orribili mi sta dicendo. Quella sporcacciona con le ascelle che le puzzavano e che voleva rendersi interessante, ora mi vedi, ora non mi vedi. Che orrore. Carne da romanzo poliziesco. Ecco che cos'era, quella troia."

Quando sono in sette a non volerlo, uno non si orienta, o forse non hanno potuto orientarlo, forse manco loro sanno dove si trovano nei confronti della storia.

"Le ho fatto i calamari ripieni di funghi, cardi e carne trita nel loro inchiostro."

"Benissimo."

"Che lavoraccio, capo."

Ma Biscuter coglie al volo che Carvalho non è d'umore gastronomico e non insiste a vendere l'eccellenza del manicaretto. Carvalho mangia svogliato. Scosta il piatto in cui è rimasto un mucchietto di calamari.

"Non sono buoni, capo?"

"Non ho fame, Biscuter."

Butta il tovagliolo sulla scrivania nel momento in cui entra il fratello di Martí. Guarda gli avanzi del cibo, guarda Biscuter e Carvalho come se fossero matti.

"Calamari nel loro inchiostro a quest'ora?"

"Siamo in lutto."

Biscuter ride della battuta del capo e se ne torna in cucina cercando di trattenere, senza riuscirci, le risate.

"È andato avanti con quella storia?"

"Per nulla. Può trattarsi di un'allucinazione o di un falso. Di certo c'è che i protagonisti hanno finito col modificare i fatti adattandoli alla realtà che più conviene loro. Soltanto una suora..." Carvalho ride al ricordo, "solo una suora ha aumentato le difficoltà del caso aggiungendo realtà alla realtà. Ha detto che la ragazza era scomparsa da una vettura a due porte, quando le due suore erano sedute davanti."

"Allora?"

"Per il momento archivi il caso tra gli Ufo."

"Non si dia per vinto. Sono distrutto. Vengo dall'ospedale psichiatrico, abbiamo appena ricoverato mia cognata e a mio fratello manca poco. La sua condizione di uomo razionalista non può che farlo disperare di più. Non si dia per vinto, per favore."

"Agli altri protagonisti di questo miracolo manca poco per finire al neurodeliri. Mi sa che alcuni di quelli che hanno fatto salire la ragazza erano appena usciti dal manicomio. Ho visto i matti più matti di questo paese, di questo pianeta. Mi ascolti. Una volta è venuta da me una donna che era stata violentata tre volte mentre faceva l'autostop. Voleva provare di essere stata costretta e che io trovassi le prove delle intenzioni dei violentatori. E io lo feci, ma nel frattempo venni a sapere che quella donna era già stata violentata dal patrigno e poi da un professore, e qualche anno dopo essersi rivolta a me sposò uno dei suoi violentatori."

"Era tutto una balla."

"No. Era tutto vero. Ma si tratta di uno di quei casi di psicologia da parafulmini. Alcune persone sono specializzate nell'attirare un tipo di guaio, uno solo, come se fossero dei parafulmini. E tutti quelli che hanno visto quella ragazza sono matti, matti in modo diverso, ma matti."

"Capisce che non mi posso accontentare di questa spiegazione."

"Lo capisco e le dico che la testimonianza della suora è quella che più rafforza il sospetto che suo fratello e sua cognata abbiano ragione. Bene, benissimo. E allora? Io dico che hanno ragione. E anche lei lo dice. A loro non basta?"

"No. A loro non basta. Lei sarà pagato perché ci confermi che siamo nel giusto. Io voglio loro bene e pertanto non posso fingere. Sono due persone razionaliste. Non possono credere alle apparizioni."

"Non si chiede loro di credere alle apparizioni. Si chiede loro di credere a quello che hanno visto."

"Non possono credere a quello che hanno visto."

"Allora, che genere di razionalisti sono? Tutto ha un limite. Se la propria filosofia di vita è che si può credere soltanto a quello che si vede, bisogna agire di conseguenza."

"Non posso andare da loro con questa risposta."

"Farò un ultimo sforzo. Mi travestirò da parafulmine e percorrerò quella provinciale una e mille volte. È l'ultima cosa che posso fare. La cavia."

Il sergente ascolta la spiegazione di Carvalho continuando ad accumulare scetticismo. Finalmente sbuffa e dedica al detective una smorfia di sdegno.

"Questo è più difficile che trovare il petrolio. Il petrolio si cerca in una zona determinata, con caratteristiche specifiche, mi capisce? Ma per quale regola matematica dovrebbe apparire questa ragazza, sulla stessa curva, e proprio a lei?"

"Ci sono state già sette apparizioni."

"Se vuole le do una spiegazione logica, senza pretendere manco un soldo, e può metterla in conto al suo cliente. C'è stato un caso iniziale, diciamo quello del viaggiatore di commercio. In effetti, vede una ragazza che fa l'autostop e la fa salire in macchina.

"Sulle prime tutto va bene, fino a quando comincia ad andare persino meglio, viaggi troppo sola, ma dove dormi, e via dicendo, e passano sui sedili posteriori, dove zum zum e zam zam, e quando lui torna in sé dopo tutto quel movimento vede che gli manca qualcosa, un portafoglio o un ricordo. Non può denunciare che gliel'ha fregato mentre si davano da fare con lo zum zum e lancia un ordine di caccia generale per vedere se la catturano. Racconta la storia della misteriosa scomparsa perché suppone si tratti di una ladra di strada che un giorno o l'altro si farà acciuffare. La storia comincia a circolare. Se ne impadronisce un altro lunatico e ci crede, e poi un altro e un altro ancora..."

"Ci sono due casi più complessi in cui sono coinvolte due coppie, quella dei comunisti e quell'altra delle suore."

"Io delle suore non mi fido tanto, e i due rossi pur di rompere le palle alla Guardia civile sono capaci di dire di aver visto lo Spirito Santo saltarsi un semaforo."

"È possibile. Tuttavia intendo provarlo."

"Padronissimo."

"In pratica, non si sorprenda se mi vede salire e scendere per quella strada più volte."

"In questo mestiere la prima cosa che insegnano è sorprendersi di tutto, e con gli anni arrivi a non sorprenderti di niente."

Carvalho percorre una e più volte l'itinerario magico. Scende ai punti chiave. Supera la cunetta, entra nei campi, cerca sentieri, case vicine, parla con gli abitanti delle case, di giorno, di sera, mentre i fari della sua auto illuminano la fatidica curva. Si scola qualche bicchiere o fa uno spuntino nei bar e torna alla carica, in una insistente ricerca dell'ultima possibilità di spiegazione razionale. Finalmente, una sera, c'è una donna che fa l'autostop. È una bionda, ma avrebbe detto meno trasparente, più carnale. Carvalho la fa salire in macchina, la sollecita ad allacciare la cintura e mette la sicura alla portiera accanto alla donna.

Lei nota l'attenzione di Carvalho e gli sguardi furtivi che le rivolge il detective. Comincia a inquietarsi e cercando di non farsi notare si slaccia la cintura e alza la sicura della portiera.

"Ha fretta?"

"No. Perché?"

"Vedo che si è slacciata la cintura e che ha tolto la sicura. Sta per scomparire da un momento all'altro?"

"Scomparire... io?"

"La provinciale, la storia delle scomparse. È lei?"

La donna scoppia a ridere.

"Ah, era questo! Capisco di aver fatto l'autostop

in un brutto posto. Quella storia circola da anni, da secoli. Io sono un'infermiera professionale e sono venuta per curare dei pazienti, da queste parti, in queste campagne. La macchina mi si è impantanata in mezzo al fango, e questo è tutto. Tenga, la mia carta d'identità, perché possa vedere che non sono un fantasma."

Carvalho controlla per precauzione.

"Sospettoso, eh? Le è apparsa la ragazza bionda e languida?"

"No. Non a me. Ma a un mio cliente che ormai è pronto per il manicomio, sì."

"Sta di fatto che si tratta di una storia vecchissima che cambia con gli anni. Fa parte delle storie popolari di apparizioni sovrannaturali e ogni epoca le adatta alla sua tecnologia e alle sue usanze. Adesso è la volta dell'autostop e della macchina. La realtà è molto semplice e molto triste. Una coppia di sposini si uccise in quella curva maledetta e la descrizione della ragazza fatta da quelli che hanno avuto l'apparizione coincide con quella della morta. Ma la morta, lei è proprio morta e sepolta."

"Allora è un caso di suggestione."

"Devono aver letto la storia sui giornali quando se n'è parlato, l'hanno associata alle apparizioni, di cui pure si è parlato sui giornali, e l'allucinazione è bell'e pronta."

"Allora, lei è in carne e ossa."

"Sicuro."

"Posso verificare?"

C'è malizia e promessa nello sguardo sostenuto dalla donna.

"Si faccia coraggio. E se fossi un fantasma?"

"Correrò il rischio."

La donna appoggia il corpo alla portiera, allontanandolo dalle presentite mani di Carvalho, e da lì lo studia senza perdere il sorriso, anche se ora sembra sul chi vive:

"Io sono un'infermiera, un'infermiera professionale, e glielo posso dimostrare. Non sono un'apparizione, ma lei mi sembra un seduttore, un rimorchiatore da strada, molto originale, quest'è vero. Si fa avanti con il trucco della ricerca del fantasma. Ottiene buoni risultati?".

"Non sono un cacciatore."

"Non si nutre nemmeno di carogne?"

"Qualche volta l'ho fatto, ma quando ero proprio alle strette."

"Mi spiace. I miei pazienti mi aspettano."

"Se vuole io l'aspetto qui."

Lei ha aperto la portiera, è uscita e da fuori introduce il corpo nell'abitacolo per dirgli:

"Troverò chi mi tiri su facendo l'autostop".

"Faccia attenzione. Ci sono certi tipi da queste parti..."

La portiera che sbatte chiude quel che poteva essere e non è stato.

Carvalho ha sentito il bisogno di cucinare e segue certe ricette che hanno dato a Biscuter nel mercato della Boquería. Una minestra in brodo tipica del Priorato e una frittata della stessa zona, la *sopa de brosa* e la *truita amb suc*. Come sempre quando vuole cucinare e mangiare nevroticamente, tra speculazioni e angosce per problemi rimandati, Carvalho chiede al vicino di casa, l'amministratore Fuster, di fargli da commensale e da pietra di paragone per un monologo mascherato da dialogo. Fuster non si lasia convincere senza farsi prima spiegare il menu.

"La minestra si fa a partire da un brodo di patate e tre tipi di carni, pollo, vitello e maiale. Le patate e le carni vengono passate da un tritatutto manuale e mescolate al brodo. Poi si aggiungono polpette di carne di maiale."

"Molto nutriente. E la frittata?"

"Una frittata di fagioli bolliti e un brodo che sembra una salsa bionda con *alioli* e baccalà sminuzzato."

"Cucina d'inverno e dell'entroterra."

"L'hai detto."

"Dall'ufficio non riesco a capire che tempo fa a Vallvidrera."

"Nebbia e umidità."

"Una cena eccellente. Conta su di me."

Carvalho conta su di lui e completa la scenografia con un caminetto acceso a spese di *Prima che sia tardi*, di Angus Wilson.

"Che ti ha fatto questo libro?"

"Assolutamente nulla, se tralasciamo il fatto aggressivo di essere un libro. Ti direi addirittura che venticinque anni fa mi era molto piaciuto. Ma in originale ha un titolo, *Attitudini anglosassoni*, che è quanto di più simile a quello del libro di un cretino che non ho letto, ma che è ripugnante."

"La tua paranoia sta peggiorando. Ormai odi quello che non hai letto."

"Dovresti conoscere quel delinquente."

Fuster ha portato il dessert, una torta di kiwi e cotognata del suo paese, e Carvalho ha stappato un Priorato Scala Dei leggermente raffreddato, e per il dessert un liquore a base di anice e menta caratteristico dei paesi alti del Priorato. Mentre mangiano, bevono, e Carvalho si stordisce gli occhi in mezzo alle volute di un sufficiente sigaro Cerdán, la storia dell'indagine impossibile nasce piena di apparizioni per un Fuster che cerca di immaginare i personaggi e le situazioni. Ascolta con la stessa lentezza con cui parla Carvalho. Non anticipa le sue parole e le assimila una dopo l'altra, con gli occhi da uccello perspicace, senz'altra distrazione se non quella di pettinarsi di tanto in tanto la corta chioma canuta, e quando la voce di Carvalho scompare dietro una ruota di fumo, Fuster emette il suo giudizio.

"Ti restano due possibilità. O dare ragione alla Guardia civile, che ha trovato una spiegazione molto assennata, o continuare a fare l'olandese volante in cerca di un incontro inatteso con la ragazza. Se te la trovi davanti, o l'una o l'altra: la trattieni e la costringi a confessare l'inganno o..."

"O che cosa?"

"O si tratta per davvero di un'apparizione."

"Buona questa. Accidenti. Ci mancava solo che venissi anche tu a giocare ai fantasmi."

"Quando si gioca, si gioca fino in fondo. Non si scommette a metà. Immagina, con una buona dose di fortuna, di incontrarla; le parli della faccenda, lei scompare e ti aggiunge alla sua collezione di frustrati. Perché mai quel che è accaduto a quei sette non potrebbe accadere anche a te?"

"Mi stai prendendo in giro."

"Vuol dire che non credi che questa storia sia vera. Che al massimo potresti dare ragione al sergente, e cioè che qualcuno ha inventato una storia dalla quale in seguito ci si è fatti suggestionare. Ti dirò di più. La storia non è nuova. Tutto il Medioevo e tutta l'Età moderna sono pieni di racconti di donne che appaiono nelle strade e scompaiono dopo aver avvertito di un pericolo. La storia è stata ripresa persino da qualche scrittore, e non molto tempo fa García Márquez parlava di questo tema topico, nel senso letterario del termine, in un articolo sul 'País'. La storia tradizionale è stata adattata alla civiltà dell'automobile, della strada e dell'autostop. Questo è tutto. E nel futuro, quando navigare nello spazio sarà un fatto normale, appariranno eteree ragazze nelle galassie e a un certo punto grideranno: 'Attenzione a questa cometa' per poi scomparire."

Un ultimo bicchierino di digestivo del Priorato, un ultimo assaggio di cotognata e Fuster lo lascia nell'ipnotica contemplazione delle fiamme, intento a fare autocritica e a trovare una risoluzione tra gli impulsi irrazionali e l'etica professionale. Finalmente si addormenta e sogna percorsi nelle galassie a bordo di se stesso e incontri con ragazze più pallide che bionde, azzurre, fluttuanti nello spazio, che chiedono un passaggio verso pianeti il cui nome avrà già dimenticato il giorno dopo. All'alba la nebbia è sempre salda su Vallvidrera e la radio avverte della pericolosità di circolazione su alcune strade. Carvalho si dirige verso Barcellona e il suo ufficio e fissa per telefono un incontro con il suo cliente. Ma prima di presentarsi all'appuntamento si prende un'ora di riflessione girovagando per Barcellona alle spalle delle Ramblas, a partire dall'altro versante del Barrio Chino, la Barcellona romantica che si sviluppa intorno alla plaza de Medinaceli, dietro la plaza Real e quella di Sant Jaume, la Barcellona che ha smesso di essere gotica e ospita vicoli per tubercolosi curate male, artigiani lenti e vecchi, bambini che giocano tra una convalescenza e la scuola. Si ricorda della giovane coppia comunista e dei testimoni che si sono prestati per un'inchiesta inutile, e vede se stesso, con le spalle e gli occhi zavorrati da pregiudizi, giocare a un'indagine in modo meccanico. E decide una linea di condotta.

Senza dubbio la classica scuola progressista, creata da una cooperativa di genitori progressisti per plasmare una nuova sfornata di progressisti che a loro volta perpetueranno la razza morale fino a ben oltre il Duemila. La conversazione, quindi, richiede un alto tono morale, e una faccia di alta moralità quando il maggiore dei Capdevila spunta dalla porta di una classe e si lancia nel mattino nebbioso del cortile di una scuola progressista, tenuta da una cooperativa di genitori progressisti, disposto a perpetuare una tanto meritevole specie.

"Per me è un problema morale. Non posso continuare a spendere i suoi soldi e a perdere il mio tempo."

L'uomo cammina accanto a Carvalho per il cortile. I bambini godono dell'inattesa ricreazione e di tanto in tanto uno di loro va dal maestro a chiedere o a recriminare. L'insegnante risponde con interesse e poi torna alle sue pene, con una doppia condotta perfetta.

"Non mi rassegno. Mio fratello si trova in uno stato di profonda prostrazione. Finirà con l'impazzire, se non è già impazzito."

"La spiegazione dell'infermiera è corretta. Suo fratello ha archiviato inconsciamente la storia dell'incidente e delle apparizioni. Immagini quante volte da bambino avrà ascoltato storie simili. Io mi ricordo ancora quella storia delle bisce che uscivano dalla bocca del peccatore mentre si confessava con il suo consigliere spiriturale."

"È possibile." Si sente suonare un motivetto. "Devo tornare in aula."

"Non vorrei demoralizzarla, ma potrebbe trattarsi di suggestione collettiva."

"Mi suona di scusa, ma capisco le sue ragioni."

"Sono io che non le capisco, perché potrei continuare a tenerla sulla corda per giustificare l'indagine e relativa parcella. Mi segue?"

"Non si giustifichi. Mi sembra onesto quel che fa."

"Odio la parola onesto."

"Usi la parola che preferisce."

"Assennato."

"Assennato, allora."

"Ma perché sia assennato da parte mia, deve esserlo anche da parte sua, e mi pare di leggere nei suoi occhi che porterà avanti l'indagine."

"Questo riguarda solo me. Le spedirò un assegno per il suo onorario."

"Non intendo incassare niente se non ho trovato niente."

"Si tratta di fantasmi."

"Non vado a caccia di fantasmi. Mi viene in mente una mossa finale e suicida. Vada da un parapsicologo. Non credo a niente del genere, ma mi pare sia l'ultima cosa che possa fare prima di gettare la spugna."

"Seguirò il suo consiglio."

L'insegnante fu poco efficace durante le ultime lezioni che gli rimanevano da fare quella mattina. Aveva il cuore roso da una profonda sensazione di impotenza e cercava con il cervello un suggerimento che gli consentisse di rafforzare la volontà di non arrendersi. E a un tratto capì che la porta che cercava era già aperta e lasciò un allievo che esponeva il teorema di Archimede per correre al piano di sopra dove la maestra di disegno correggeva i segni tracciati da uno studente impegnato a riprodurre la natura morta di un'aquila impagliata. Lo studente rimase senza maestra e solo davanti all'aquila muta, mentre il maestro portava via con sé la ragazza in un angolo dell'aula e le sottoponeva informazioni esaustive sull'apparizione e i suoi due parenti. L'insegnante di disegno aveva abilità non comuni: evocava gli spiriti mediante un bicchiere sul tavolo e sollevava con un dito la sedia su cui stava seduta Paca Bienzobas, professoressa di scienze naturali, natura viva di ottantanove chili di peso mal distribuiti in un metro e cinquantanove centimetri di statura. Con la sua particolare saggezza pronunciò il verdetto.

"In questo momento tu emetti radiazioni che cercano quella donna e radiazioni familiari a quelle di tuo fratello. Solo tu sei in grado di raggiungerla volontariamente. Qualsiasi altro incontro sarà frutto del caso o della volontà del fantasma."

"Ma dimmi che non siamo pazzi. Dimmi che non mi presto a un gioco puerile."

"Quel che è stato è stato ed è privo di meccanismi logici, non per capirlo, il che è impossibile, ma semplicemente per accettarlo. Devi lasciarti penetrare dalla possibilità, altrimenti sarai proprio tu a rifiutare il possibile. Come quelle vernici che respingono l'acqua."

Venne detto, poi, che il maestro era stato due giorni senza farsi vedere a scuola e che quasi nessuno l'aveva visto in casa. Invece, il tratto della provinciale prima e dopo la curva della morte fu il teatro di tenaci andirivieni della sua utilitaria, con la testa dell'uomo che guardava il paesaggio alla sua destra e alla sua sinistra come se sperasse di trovare il paradiso a est o a ovest, a dritta o a manca. Nella sua solitudine di cacciatore di fantasmi, credette di avere la febbre e con la mano si ripassava i lineamenti, dalla barba che cresceva ora dopo ora, fino agli occhi, stanchi di vedere oltre la realtà, passando per una bocca impastata dalle numerose sigarette e dalla scarsa alimentazione a base di panini al salame piccante e Coca-Cola periodicamente somministrati dal cameriere della locanda più vicina. Nonostante quel che sembrava uno smacco evidente, era intimamente convinto che la ricompensa non avrebbe tardato. I suoi occhi non cercano, sembrano piuttosto convinti di trovare. E infatti. Nell'orizzonte serale, le luci dei fari avvolgono il corpo di una donna che fa l'autostop. Non c'è sorpresa sul viso del guidatore. Ferma lentamente la macchina. È la ragazza delle apparizioni.

"Va a Barcellona?"

"Sì."

"Mi ci può portare?"

"Senz'altro."

Mani salde dell'uomo che di nuovo avviano l'auto. Appena uno sguardo con la coda dell'occhio per constatare che la ragazza è ancora lì. Ma il piede esita tra il freno e la frizione, mentre la testa cerca l'inizio di una conversazione adatta per i fantasmi. Come si comincia una conversazione con un fantasma? Ti stavo cercando... oppure, devi essere la stessa persona che è salita sull'auto con mio fratello e mia cognata l'altro giorno... oppure... Ma non c'è molta strada tra il punto d'incontro e la curva della morte, e quella distanza è tempo che deve adoperare, prima, prima che lei gli dica, attento, freni, per favore, si avvicina la curva della morte.

"Viaggia spesso su questa strada?"

Non risponde, ma lo guarda, custode di una verità che lui non possiede.

"Mi sembra di averla già vista da queste parti."

Adesso lei guarda la strada che li attende, lo sta invitando a partire perché tutto avvenga come deve avvenire.

"Ha detto che sta andando a Barcellona? Le dispiace se ci fermiamo a prendere qualcosa alla locanda?"

Si muovono le labbra, ma respirano prima di bisbigliare un debole:

"Vada dove deve andare".

E ubbidisce liberando la marcia dal folle e notando il braccio che muove la leva del cambio come un tubo vuoto che non gli appartiene. La macchina si avvia con lentezza, e con la stessa lentezza circola, in parte per guadagnare tempo, ma anche perché l'uomo sente le braccia vuote quanto la gamba che deve spingere sull'acceleratore, come se il cervello la stesse svuotando delle forze, cercando di evitare il compiersi di un destino che percepisce come fatale.

"Non mi ha risposto a proposito della locanda."

"Vada dove deve andare."

Ha percorso così tante volte quella strada che può enumerare le pietre miliari o gli alberi che lo separano dalla curva e fa il conto alla rovescia con la sensazione intima di poterla fermare, di poter fermare questo sogno appena lo voglia, di frenare vicino alla cunetta e affrontare la donna per smascherarla: tu non esisti, sei irreale, dove vai? Dove mi porti? Ma non ubbidirà a un impulso tanto remoto e astratto. Non solo, ma, risucchiata da un tunnel avido, la macchina procede lungo una notte speciale, quieta, silenziosa, in cui nemmeno il motore irrompe con il suo strepito. Di tanto in tanto lui la guarda, nel caso mutasse la sua espressione di attenta esaminatrice dell'ellisse disegnata dai fari sull'asfalto.

Ma continua a esaminare la strada come un'esperta, senza altro movimento che quello degli occhi scrutatori e delle labbra pronte a intervenire. Seria, inespressiva, un viso dolce e rilassato. A un tratto le labbra di lei si muovono. Sono la sola cosa a muoversi in un volto in cui gli occhi ora sembrano quelli di una cieca.

"Attento. Freni, per favore. Si avvicina la curva della morte."

E lui capisce quel che lei ha progettato. Frena, con una mano tiene il volante, ma con l'altra afferra un polso della ragazza. Lei si sorprende, ma non grida, lotta per liberarsi dalla presa.

"No, non te ne andrai. E se te ne vai verrò via con te, fosse anche all'inferno."

La lotta si fa più violenta. L'auto entra nella curva. La ragazza lancia un grido angosciato. Lui cerca di raddrizzare il volante ma non ci riesce e la macchina si schianta contro un albero per ribaltarsi poi su un campo coltivato.

Quando Carvalho bussa alla porta, senza averla avvertita prima per telefono e si introduce nell'appartamento senza un cenno di saluto ed esce sul terrazzo per contemplare la prospettiva aperta del porto da un lato e il labirinto del Barrio Chino dall'altro, aggredito da quell'intento abortito da gran viale in grado di far evaporare i cattivi umori delle stradine dell'odoroso sesso e della malavita a buonmercato, vuole dire che qualcosa gli gira storto e che qualcosa gli si è spezzato dentro. Allora Charo cerca la miglior bottiglia di whisky di malto che ha in casa e riempie mezzo bicchiere, aggiunge tre cubetti di ghiaccio e glielo porge perché beva sorseggiando lentamente, in una mezz'ora di mutismo. Poi si riprende e parla a voce alta raccontando l'accaduto, prima con la rigidità dell'aggredito e gradualmente con maggiore autoironia per terminare il soliloquio con un invito a cena, lì, nell'appartamento di Charo, o a Vallvidrera. La cena si concluderà con un atto amoroso al quale Carvalho apporterà l'anatomia e Charo la scienza e l'arte di una professionista innamorata del cliente più imprevedibile e costante e non pagante che ha. Oggi non è un'eccezione. Ma Charo tarda a comprendere una storia che udita le sembra incoerente, una storia che ha per protagonista una donna bionda e pallida la quale appare e scompare dalla strada, facendo impazzire i razionalisti.

"Proprio a loro doveva capitare e io non posso farci niente, Charo. Mi sono cacciato nel cuore della malavita di Bangkok, ho fatto il macellaio mercenario della Cia e ho cospirato contro Franco, ma contro i fantasmi non posso fare nulla perché non ci credo. Non ci credo e loro mi hanno sconfitto."

Questa sera Pepe ha voglia di salire a Vallvidrera e le chiede di portare un giaccone di pelo di non sa quale bestia. Di tanto in tanto a Carvalho piace che Charo copra le sue nudità solo con il giaccone di pelo e lui rimane a guardarla pensando alle possibilità della fantasia, ma senza concedervisi, come se introducesse un piede, soltanto uno, in un pantano. Carvalho è talmente giù di tono che non vuole nemmeno cucinare, si sono fermati da Semon durante la salita della montagna per comprare una focaccia vegetale, una scatola di caviale di salmone, mezza frittata a più strati e della lonza insaccata. E per bere apre una bottiglia di spumante catalano Mestres *brut nature,* molto freddo. Beve con maggior avidità di quanta non ne impieghi a mangiare.

"Oggi non c'è nemmeno un libro?"

"A che cosa ti riferisci?"

"Non sei più quello di una volta. Oggi non bruci neanche un libro?"

"Ci mancherebbe."

"No, io non ho niente contro i libri. Lo dico per tirarti su."

"Hai ragione. Oggi brucerò un peso massimo, un'autentica cospirazione contro la libertà di guardare."

Ma tarda a decidersi, tra la svogliatezza e il dubbio di essere ormai schiavo di un ruolo. Il peso del compromesso. Non ci sono compromessi piccoli o grandi. Quel che è fottuto è compromettersi. Ma deve a Charo l'interpretazione seppur minima del proprio ruolo e va verso gli scaffali, dove sceglie un volume dell'*Estetica* di Lukács, lo fa a pezzi, strappa i fogli e li sistema nel caminetto di casa come base per il fuoco che sta per accendere. Charo è sdraiata su un divano, si toglie le scarpe con le punte dei piedi e poi gli orecchini.

"Ti piacciono le donne con gli orecchini?"

"Che cosa hai detto?"

"Insomma. Torna sulla terra. Ti ho chiesto se ti piacciono le donne con gli orecchini."

"Non noto mai se li portano."

"Allora un giorno ti troverai a strappare un orecchio a qualcuna."

Carvalho si china sul caminetto, e poco dopo una Charo seminuda con giaccone di pelo si riversa sulla sua schiena e gli passa le braccia davanti al petto.

"Che cos'ha il mio Pepe che è così serio?"

"Niente."

Ma è vero. Carvalho è imbronciato. Ha lo sguardo perso e risponde alle coccole di Charo come un animale meccanico.

"Perché non mi vuoi un po' di bene, stasera?"

Si vogliono un po' di bene a letto. Ma Carvalho è altrove. Rimane a fissare sorpreso il soffitto, come se lo avesse appena scoperto. Si addormenta a tratti. Poi si sveglia. Più tardi si addormenta profondamente ed è la voce di Charo a svegliarlo.

"Sveglia, Pepe. Bussano alla porta."

Con gli occhi annebbiati, la bocca impastata, va verso la porta annunciandosi con un *arrivo!*, ma entra in cucina, cerca la brocca d'acqua ghiacciata e ne beve direttamente un lungo sorso che gli bagna la giacca del pigiama. Da una finestra vede chi bussa. La Guardia civile.

"Quel che doveva accadere è accaduto. Il mondo è pieno di matti."

Carvalho annuisce e si abbandona a quel che voglia fare del suo corpo la jeep della Guardia civile che li porta "...sul luogo del delitto". Il sergente è astrattamente indignato, anche se ciascun passeggero della jeep, lui compreso, può sentirsi il destinatario preferenziale della sua irritazione.

"Mi dica lei perché devono scegliere quest'angolo di mondo per venirmi a rompere le palle. Con tutte le strade che ci sono in questo paese."

Carvalho chiude gli occhi e ricorda un momento della conversazione con Carlos Capdevila.

“Non vorrei demoralizzarla, ma potrebbe trattarsi di suggestione collettiva.”

“Mi suona di scusa, ma capisco le sue ragioni.”

Il sergente fa il bilancio della propria vita e della propria carriera. La sua specialità erano i ladri di galline negli anni cinquanta, e quelli di macchine nei sessanta, quando potevi ficcargli le dita nello stipite di una porta e chiuderla. Cantavano, altroché se cantavano.

“Ma non ho fatto carriera per inseguire fantasmi. Non le pare?”

“Sono tempi difficili.”

“Un mondo sgangherato.”

La jeep si ferma accanto all’albero dello scontro. Oltre gli alberi, sui campi, l’auto ribaltata, nella cunetta due coperte sui corpi. La Guardia civile fa strada. Il sergente solleva delicatamente una coperta e appare il maestro morto. Carvalho annuisce. Vanno verso l’altro corpo e ripete l’operazione. Anche la ragazza è morta. Placidamente morta.

“Coincide con la descrizione della sposina morta in questa stessa curva?”

Il sergente sembra preoccupato quando si alza e risponde:

“No. Si somigliano fisicamente, ma questa è una sconosciuta che viaggiava senza documenti”.

Carvalho guarda in faccia la morta e sorride fugacemente. Il sorriso della morta sembra una risposta.

La nave fantasma

È la storia di sempre o di un sempre che risale all'origine del rapporto tra il mare e la gente delle Canarie. Le navi vanno e vengono, anche se alcune sono vittime propizie che avallano il diritto al ritorno delle altre. Barche che lavorano nelle acque dell'arcipelago, e navi che si dirigono a sud per affacciarsi persino all'angolo dell'Africa, sulle rotte dell'Oceano Indiano. Nomi mitici per coloro che viaggiano soltanto con l'immaginazione e con le finzioni degli scrittori o dei cineasti, al contrario, per i pescatori, sono nomi legati alla vita, punti cardinali della loro quotidianità. Le correnti li portano a sud o a nord, ma la durezza delle acque europee, alle quali accedono grazie alla corrente delle Canarie, li ha costretti a volgere verso sud i loro percorsi: arrivano all'incrocio della corrente della Guinea con la controcorrente equatoriale, fino a raggiungere il punto segreto d'incontro con la corrente del Bengala che sale dall'Antartide. Ben poca letteratura si sono guadagnati con la normale prodezza di guadagnarsi la vita sul dorso di oceani non costruiti a misura umana. E quando i pescatori raccontano come, all'altezza della foce del Congo, il mare sia dolce fino a dodici miglia e non abbia il colore del mare vero e proprio sino a trecento, non vogliono stupire nessuno, si limitano a spiegare cose che appartengono al mondo della loro esperienza. E durante la stagione delle piogge (da ottobre a maggio), la corrente del Congo è molto potente, trascina terre, boscaglie, e forma isolotti fugaci che navigano in mare aperto. Se un pescatore canario dice che una di queste isole effimere può essere lunga fino a cento metri e tanto pericolosa per le navi quanto gli iceberg del Nord, bisogna credergli. Alcuni resti di queste isole galleggianti sono arrivati fino all'Isola di Annobón.

Ogni giorno è buono per l'uscita delle barche, purché il vento soffi quanto basta, ma le navi da pesca di altura hanno dei calendari fissi come le fabbriche e i commerci. Tuttavia, l'emozione di navigare, partire e far ritorno a casa fa parte per le une e per gli altri dello stesso rituale della speranza.

Nel porto di Santa Cruz de Tenerife si ripete la partenza delle barche da pesca. Voci, gesti abituali, parsimonia dei pescatori davanti all'avventura quotidiana. Persino un'apparente pigrizia che è soltanto il tempo giusto nell'applicazione di movimenti precisi. Mollare gli ormeggi, preparare l'attrezzatura con gli occhi degli uomini fissi sull'immensità del mare promesso a mano a mano che le navi si allontanano dalla costa. Poi, ormai in alto mare, il lavoro tipico, ogni barca nel suo appezzamento d'acqua e ogni uomo al suo compito. Passeranno le ore o i giorni e le barche daranno inizio al loro ritorno. Si spiega in mare la flotta disposta a recuperare il porto propizio, e finalmente l'ingresso nel porto, il lento approdo, la ricerca del punto giusto per attraccare, i parenti ad attenderli, i rivenditori di pesce, mentre i pescatori separano i pesci dalla minutaglia e li dividono per famiglie. Ma c'è qualcuno nel porto che non è tranquillo, qualcuno per cui l'arrivo non è stato normale. È un gruppo di parenti, donne generalmente giovani, vecchie, bambini, pure qualche uomo. Tacciono e chiedono al mare, si incrociano gli sguardi, passano i minuti, tutti guardano l'orizzonte adesso, i parenti e i pescatori, quasi rivolgendo una domanda premonitoria all'immensità dell'Atlantico. Infine, un gruppo di loro va verso il palazzo della Capitaneria di porto. Dal porto li si vede parlare, addirittura discutere. E poi, all'interno di un ufficio, un responsabile della Capitaneria compone un numero di telefono. Attende il segnale e pronuncia concisamente una frase decisa: "Il peschereccio *María Asunción* è scomparso".

Per longitudine e latitudine del mistero, la notizia è apparsa in prima pagina.

Nessun governo si sente responsabile della scomparsa del *María Asunción*. In un ufficio del ministero degli Esteri una serie di personalità maggiori e minori si scambiano perplessità, spalleggiati dal ritratto del re e dalla bandiera di Spagna.

Una voce tiene banco, quella del ministro:

"Nessun governo si è assunto la responsabilità della sua scomparsa: né quello della Mauritania, né quello del Marocco, né quello del Senegal".

"E il Polisario?"*

"Nemmeno il Polisario. D'altro canto, ci sono altri misteri minori che continuano a non essere ri-

* Organizzazione politica sahariana che difende l'esistenza dell'antico Sahara spagnolo (territorio del Nordest africano accanto all'Oceano Atlantico) come stato indipendente e rifiuta l'integrazione con il Marocco.

solti. Non una chiamata di soccorso prima di un eventuale naufragio o di un abbordaggio."

"Vale a dire che il peschereccio *María Asunción* diventa un mistero, a meno che quei governi o il Polisario stiano mentendo."

"È come un Ufo," commenta il ministro.

E un subalterno deciso a introdurre un po' di umorismo nella tragedia, commenta:

"Sicuri che questa nave sia mai esistita?".

"Sicuri. E a riprova ci sono i parenti. Cominciano a seccare un po' troppo e possono provocare qualche incidente."

L'avvertimento del ministro suscita allarme nei visi meno interessati.

"Incidenti? Perché? Che colpa ha il governo se un peschereccio ha deciso di fare la nave fantasma?"

"Il governo ha sempre la colpa di quello che non funziona."

"È responsabile anche di quello che scompare?"

Anche, spiega il ministro con un tono severo per bloccare l'eccessiva frivolezza del subalterno. Lo guarda di sottecchi con un cenno di muta disapprovazione. Tra queste quattro mura si fanno commenti banali e non succede nulla, commenti che tuttavia possono sfuggire al giovane tecnocrate davanti a un giornalista e poi bisognerà strapparsi le vesti e battersi il petto, e affermare che il ministero sta facendo il possibile e l'impossibile, come se sul *María Asunción* navigasse la madre del capo del governo in persona.

"Hai messo in moto i confidenti?"

"Finora siamo stati in contatto continuo solo con gli addetti delle ambasciate."

"Di quali ambasciate? In Africa non abbiamo

ambasciate, qualsiasi cosa si definisce ambasciata. Prima che tutto si complichi, mettete in moto i confidenti di tutti i porti africani della costa occidentale. Qualsiasi notizia, per quanto piccola, può essere utile."

Si avvicina il giorno del Consiglio dei ministri, e il ministro degli Esteri, commentano i giornali, dovrà ragguagliare sulla sorte del *María Asunción*. Dovrà ragguagliare, mastica Sua Eccellenza sputando le parole a se stesso. Già si immagina la faccia del ministro dell'Economia, sarcastico e sfidante, in attesa di raccogliere i frutti di un fiasco da parte di quello degli Esteri, di fargli abbassare la testa e la voce quando verrà messo sul tavolo qualche tema di pertinenza di entrambi.

"Devo presentarmi al Consiglio di gabinetto con qualcosa tra le mani."

Aveva già avuto un richiamo dal capo del governo. Che non vada in malora la faccenda del peschereccio canario, ma gliel'aveva detto *en passant*, tra due conversazioni su temi di rilievo, le negoziazioni di ingresso nel Mercato comune, e un gesto insolente dell'ambasciatore americano davanti alla protesta per le limitazioni statunitensi all'importazione di calzature spagnole. In consiglio sarà diverso. Quel gran figlio di puttana mi farà fare brutta figura davanti al presidente, come ha già fatto l'altro giorno durante il ricevimento all'ambasciata belga; mentre mi filavo la figlia maggiore dell'ambasciatore, lui si è avvicinato e le ha detto:

"Non so perché perda il suo tempo con il ministro più vecchio, con la quantità di ministri giovani che ci sono a disposizione".

Se un giorno mi capitasse un incidente, sono sicuro che aprendomi il portafoglio troverebbero le istruzioni: "Non ho sangue nelle vene, ma whisky con acqua. Tenetelo presente per le trasfusioni. Preferisco un malto di almeno dieci anni. Sia ben chiaro. Juan Bettancort de Lys, Puerto de la Cruz, marzo 1976". Non valeva la pena di aggiornare la data. Quel che era valido anni addietro lo era ancora. Il suo fegato aveva resistito a un prolungato maltrattamento, uno o due giorni alla settimana, quando il cielo diventava color schiena d'asino e gli entrava un cattivo sangue annacquato attraverso le giunture del corpo e si comportava da maleducato con la gente dell'ufficio, persino con il suo socio. Era il segnale che quella sera sarebbe rientrato tardi e che avrebbe bevuto e rotto le scatole nei bar del porto in cerca di uno straniero al quale spaccare la faccia, perché se devi spaccare la faccia a qualcuno, meglio che sia straniero. I camerieri lo conoscevano già e gli servivano whisky annacquato senza riserve, cinque, dieci, quindici, quanti ne potesse reggere, fino a quando un segnale interiore lo avvertiva che era arrivato al limite e si trascinava verso la Mercedes che l'avrebbe portato a casa come un cavallo ammaestrato da un cavaliere ubriaco. Ma c'è ancora molta notte prima di questo, anche se l'alcol interno gli si agita in corpo come un liquido contenuto e rabbioso e il vestito e la pelle gli sono diventati molli.

"Non è venuta da queste parti quella puttanella di La Palma?"

"Sono giorni che non la vedo, la Palmera."

Si vede che non è ancora a buon punto l'alta stagione turistica e ci sono in giro soltanto grasse vedove con le varici mal curate, si commenta e si trova spiritoso da solo, senza che nessuno condivida le risate che si dedica con i gomiti puntati sul banco del Gipsy Bar.

"Vada verso i giardini. A volte sbucano delle dilettanti che sono molto meglio."

"Me lo giuri?"

"Certo. Le ho viste."

Gliel'hanno detto per toglierselo dai piedi, perché non torni a provocare qualcuno come la settimana scorsa e per evitare che i pavimenti rimangano pieni di bottiglie rotte e di secchi rivoli di sangue. L'uomo si avvia vacillando alla porta, ma prima di arrivarci si volta con aria di sfida verso i pochi che lo guardano e osano considerarlo ubriaco. Si porta una mano alla patta e con l'altra mano dichiara:

"Questi sono due signori coglioni. Qualcuno ha di meglio?".

Nessuno ha di meglio, e si gira con disprezzo per raggiungere la strada dove l'attende una boccata di brina che odora di mare d'inverno, o forse non è questione di odore, ma di consistenza: l'aria salina in inverno è più mobile, quasi fosse un gas più leggero e acuto che entra nelle narici come un intruso impertinente.

"Ehi, tu! Zoccola! Sì, dico a te, zoccola!"

La donna è troppo distante per sentirlo e lui accelera l'andatura avanzando in mezzo alla strada, verso il mare addomesticato dai ponti e canali tracciati dalla fantasia di César Manrique. Come una fuggiasca, o come una sorda, la donna prosegue verso i giardini camminando sicura sui tacchi, come se cercasse qualcosa di preciso in quel paesaggio di bella desolazione, in mezzo a quel dedalo di giardini che spartisce con alcune coppie dedite a contatti furtivi, sottolineati dal periodico infrangersi delle ondate meste del mare. L'uomo, vestito da dirigente smantellato dalla sbronza, non bada al paesaggio ludico, ossessionato invece dalla battuta di caccia. La donna ha una splendida chioma bionda e una schiena promettente. Si piazza pochi metri dietro di lei.

"Bambina, vuoi un po' di salsina piccante?"

Intona la canzone *Salsina piccante*, cerca di affacciarsi oltre la cortina della chioma e passa un braccio sulle spalle della bionda.

"Ti piacerebbe passare una notte indimenticabile con me?"

La presunta donna si volta e si libera con una brusca spallata. È un palese travestito, con un'espressione feroce.

"Mi scusi... io non... non mi sono reso conto... insomma, non mi va."

Ma non può continuare. In mano al travestito appare un coltello che affonda nel ventre dell'uomo e gli lascia il volto abbandonato alle smorfie dello stupore, del dolore e della morte.

Un'altra alba. Arrivano di nuovo le barche e non con l'inerzia del gesto ripetuto, ma con una certa inquietudine generale che si trasforma addirittura in volti invasi dal panico quando l'inquietudine generale si impadronisce degli individui.

"L'ho vista come se fosse la tua barca."

"Pure io."

"Avete avuto entrambi le traveggole."

Più che una discussione è un braccio di ferro dialettico tra sordi. Il cerchio di pescatori si allarga, si apre per far uscire un uomo canuto che con passo stanco e un gesto preoccupato abbandona il capannello e va verso il palazzo della Capitaneria. Lo stesso ufficiale che aveva trasmesso la notizia della scomparsa del *María Asunción* lo riceve quasi parapettato dietro la sua scrivania.

"Come va, Roque?"

"Male. Malissimo."

L'uomo si lascia cadere su una sedia con un misto di stanchezza e stupore sul viso.

"Male, la pesca?"

"Male tutto. Se non fosse che siamo stati in molti a vedere, direi che si tratta di allucinazioni."

"Che cosa avete visto?"

Il vecchio si strofina una mano sulla barba e guarda l'ufficiale con un'aria un po' sorniona.

"Abbiamo visto il *María Asunción*."

"Alla deriva?"

"No."

Il vecchio fa una pausa perché l'ufficiale lo lasci parlare e spiegare i particolari dell'accaduto.

"Eravamo a circa cento miglia dalla costa, c'era nebbia fitta. Non so se per la vicenda del *María Asunción* o per quale altro motivo, fatto sta che non ero tranquillo e a un tratto, in mezzo alla nebbia, si sono viste le luci di una nave che veniva verso di noi. Abbiamo fatto i segnali luminosi regolamentari per evitare la collisione, e man mano che si avvicinava mi sono tranquillizzato perché manteneva la distanza regolamentare. Stavo per passare a babordo, quando all'improvviso qualcuno della mia barca ha gridato: 'È il *María Asunción*!'. Poi sono stati in diversi a gridare. E dalle altre barche che ci navigavano intorno hanno cominciato a far suonare le sirene. Ho aguzzato tutti gli occhi che ho, glielo giuro, ed era proprio lì, il *María Asunción*, ma era come una nave senza nessuno a bordo, nemmeno un'anima. Avanzava dritto, di questo sono sicuro, perché altrimenti sarebbe finito addosso a qualcuno."

Davanti all'ufficiale è passata l'immagine della nave fantasma illuminata, e dopo la fantasticheria, di nuovo il volto preoccupato del marinaio.

"Avete fatto segnali?"

"Li abbiamo fatti."

"Avete cercato di comunicare per radio?"

"In continuazione. Sono riuscito, questo sì, a parlare con le altre barche, e tutte quelle che si trovavano nel corridoio dal quale è passato il *María Asunción* l'hanno riconosciuto."

"Forse l'equipaggio c'era, ma non l'avete visto per via della nebbia."

"Equipaggio? Composto da chi? Che interesse può avere un equipaggio smarrito a non rispondere ai segnali?"

L'ufficiale medita, scuote la testa e allunga un giornale al marinaio.

"Lo conoscevi?"

Sulla prima pagina del giornale, il volto dell'uomo assassinato a Puerto de la Cruz.

"È il socio di don Gabriel, l'armatore del *María Asunción*. Chi l'ha ucciso?"

"Dov'è il *María Asunción*?"

I due uomini si guardano quasi atterriti, consapevoli di vivere una storia eccessiva per entrambi.

Quando Roque si addentra nel quartiere dei pescatori, salta di capannello in capannello, dove la storia della ricomparsa fantasmagorica del *María Asunción* lievitando viene cucinata e ricucinata. Ha saputo di parenti svenuti per l'impressione, e persino di persone che non hanno visto la nave fantasma ma ne parlano come se fosse passata a un palmo dai loro nasi esterrefatti.

"Mi è sembrato di vedere Narciso Tejeira, quello del *María*, e gli ho gridato: Narciso! Dov'è che vai? Ma lui guardava verso un punto fisso, era molto pallido, molto pallido. Credo che mi abbia riconosciuto e abbia fatto finta di niente."

"Ma che cosa vieni a raccontarci tu, se eri nella stiva quando l'abbiamo visto?"

"Ma no, Roque, no, ero salito."

"Non surriscaldare le meningi della gente."

Roque era così indignato per via delle esagerazioni che sentiva, che dava sempre meno credito ai propri ricordi. Tant'è che, quando la polizia gli chiese di ripetere quanto aveva visto per raccogliere la sua dichiarazione, tardò a imbastire una storia, e lo fece in mezzo ai dubbi: mi è parso, ho creduto di vedere, non sono sicuro, in quei momenti qualcuno eccita la fantasia degli altri e alla fine si arriva a vedere quel che non si è visto.

"Ma allora, che cosa avete visto?"

"Qualcosa di simile a una nave."

"Queste acque sono piene di navi. Era il *María Asunción*?"

"Gli somigliava molto."

"Tutti i pescherecci si somigliano. La visibilità era buona?"

"No. Pessima e molto strana."

"Capisco che cosa voglia dire pessima, ma non che cosa si intenda con strana. Che cosa significa una visibilità strana?"

"Proprio questo. Strana."

Non venne congedato con gentilezza. Si aspettavano da lui conferme o negazioni e lui aveva consegnato tutta la confusione che aveva in testa. Ma appena uscito dall'interrogatorio, Roque cominciò a ritrovare i pezzi del rompicapo e questi pezzi componevano la scena esatta del suo ricordo. Era il *María Asunción*. Ora lo vedeva in tutta chiarezza. La vista si familiarizza con le navi che lavorano nella zona e sul *María Asunción* era stato imbarcato per cinque o sei anni un fratello di Roque.

"Se l'hai visto tu, l'ho visto anch'io, Roque. Se non l'hai visto tu, non l'ho visto neanch'io. Sei tu che comandi."

"Lascia che mi senta di nuovo la testa sulle spalle, cacchio, che tra tutti quanti me l'avete fatta perdere."

Lo cercano i clienti del bar di Claudio, un ex proprietario di nave che dovette lasciare il mare perché si era tagliato una gamba fino all'osso con un cavo per lo strascico.

"Vediamo un po' se raccontando a voce alta quel che ho visto riesco a crederci pure io."

"Viaggiavamo ormai da sette ore e il mare era calmo. Avevamo la prora su Capo Bojador e vedevamo la punta di Maspalomas di Gran Canaria ed è stato allora che..."

Tace troppo a lungo per la pazienza degli ascoltatori.

Un forestiero di passaggio si sorprenderebbe a vedere tutti i clienti del bar radunati intorno a un narratore accanto al banco. Persino il proprietario, dall'altra parte del banco, ha smesso di sciacquare ed è rimasto come una statua di sale con lo straccio in mano. Roque continua a filare la storia.

"E in quel momento il mare ha cominciato a bollire, sì, come a bollire, come se ci fosse sotto un vulcano. E in mezzo alla nebbia la nave avanzava verso di noi. Ci viene addosso! ho gridato a Josema. E via a lanciare segnali luminosi e a suonare la sirena, e avevamo già i razzi pronti quando il *María Asunción* ha virato e ci è passato accanto, diretto a nord."

Lo sguardo del vecchio marinaio percorre le facce imbambolate.

"Nessuno a bordo. Manco un gatto."

Prosegue la rimbambita aspettativa.

"E quando finì di passare e ci mostrò la poppa, la nebbia cominciò a scomparire, la giornata si fece addirittura chiara, la giornata meno nuvola dell'anno e..."

Di nuovo l'aspettativa generale.

"Il mare smise di bollire. Rimase così."

Ha abbassato il tono di voce fino a sussurrare e mostra il palmo della mano. La stessa quiete supposta del mare si è impadronita delle coscienze, finché qualcuno decide di tossicchiare ironico e spezzare l'incantesimo.

"Adesso, a tu per tu, Roque. Quanti bicchieri di anice avevi ingollato?"

"Avevo bevuto un bicchiere di liquore del prete dopo mangiato e quella roba non picchia, è un digestivo."

"Quella roba contiene del rum e il rum picchia."

"Cazzo, saprò cosa ho bevuto. E degli altri, che mi dici?"

"Che sia realtà o immaginazione, io non mi imbarco più. Ci mancava solo di dover combattere i fantasmi. Prima i mori, poi quelli del Polisario e adesso i fantasmi."

Roque uscì dall'osteria circondato da accompagnatori silenziosi. "Bisogna fare qualcosa. Se si va avanti così l'intera pesca andrà a farsi benedire. Ci manca solo che la storia corra di bocca in bocca perché le donne ci chiudano in casa a doppia mandata. Che cosa volevate che facessi? Dovevo forse tacere? E gli altri?"

"Gli altri ci ricamano sopra anche più di te, Roque. Ormai circola persino la storia che uscissero dei gemiti dal *María Asunción* e che dopo esservi passato davanti sia sprofondato in un gorgo apertosi nel mare."

"Bisogna fare qualcosa."

Fu esattamente la stessa cosa che a migliaia di chilometri di distanza disse pure il capo del governo quando né il ministro degli Esteri né quello dell'Agricoltura e della Pesca seppero dargli una risposta soddisfacente sul *María Asunción*.

"Non abbiamo altra scelta che rastrellare informazioni in tutta la costa africana, e armarci di pazienza e certezza in un lavoro ben fatto."

Quel che si aspettava avvenne. Il ministro dell'Economia si aggiustò i sofisticati occhialini da farmacista d'altri tempi e disse, come parlando a se stesso:

"Di questo passo, arriveremo prima al *Titanic* che al *María Asunción*".

L'aereo era atterrato all'aeroporto di Santa Cruz e in mezzo alla fiumana di sposi novelli o di turisti continentali intenzionati a riempirsi le tasche di radioline e orologi, Carvalho camminava assorto lungo la pista verso l'edificio centrale. Tutti erano attesi da un nugolo di annunciatori di nomi di persone, di alberghi e agenzie di viaggio, e Carvalho lesse a uno a uno i cartelli che gli venivano mostrati fino a trovare il suo. "Carballo."

"Si scrive con la *vi* e poi con la *elle* e l'*acca*."

Furono le prime parole che disse ai due giovani responsabili del cartello.

"Con la *elle* e l'*acca*, ma cos'è, un cognome catalano?"

"Gagliego, ma di origine portoghese, perché in gagliego la *elle* e l'*acca* non esistono come lettera unica."

I giovani gli rivolsero l'occhiata rispettosa che si sarebbe meritato un linguista. Uscirono dall'aeroporto e salirono su un furgoncino. Carvalho ne ispezionò l'interno con lo sguardo e annusò più volte a fondo.

"Puzza di pesce."

"Perché siamo pescatori."

"È un furgoncino dell'associazione."

Carvalho guarda con scetticismo i due ragazzi che lo conducono a destinazione, ma finalmente domanda:

"Cosa si può mangiare qui, e dove?".

Non gli offrivano che sconcerto.

"Di tutto e dappertutto."

"Mi riferisco ai piatti locali. Per esempio, quella salsina. Il *mojo*."

"Il *mojo* glielo servono dappertutto."

"Dappertutto," mormora Carvalho come se parlasse tra sé e sé. "E un buon piatto di *caracaja* o di palombello in salsa di coriandolo?"

"Cosa sarebbe?"

"Cucina canaria."

I ragazzi fanno smorfiette incredule, e il più deciso commenta:

"Qui si mangia roba normale, signore, come a Parigi o a Valladolid".

"Mi rimane sempre la possibilità di assaporare la cucina canaria a Parigi o a Valladolid. Non avete mai assaggiato nemmeno il maiale stregato?"

"Domanderò a mia madre, forse lei..."

“Ma voi cosa mangiate?”
“Quel che capita.”
“Il maiale stregato è un piatto di carne sminuzzata con patate, succo di limone, aglio pestato e olio fritto, che si versa alla fine per scottare il tutto.”
“Lei è già stato alle Canarie?”
“No, ma ho lavorato in Venezuela con un collega canario che pensava di aprire un ristorante una volta in pensione.”
“Be’, del maiale stregato, per quanto mi riguarda, non ho mai sentito parlare. E tu?”
“Io, se mi si toglie l’hamburger, sono perduto.”
Meno male che non siamo ancora entrati a far parte della Nato, pensò Carvalho. Appena entrati, la prima cosa che installeranno saranno gli oleodotti di ketchup e senape.
“Suppongo di non essere venuto qui per spiegarvi la cucina regionale.”
“All’associazione le spiegheranno tutto quello che non sa.”
Gli occhi di Carvalho si impadroniscono del paesaggio subtropicale, con la lontana promessa della valle dell’Orotava e del Teide con la neve inamidata.
“Voi che ne pensate della faccenda della nave?”
“Be’, un po’ di tutto.”
“Spiegatemi questo tutto.”
Si misero a ridere.
“Ecco, a volte ci troviamo a pensare che qui si beve troppo e alla gente vengono le traveggole.”
Ma le risate cessano bruscamente.
“Altre volte vorremmo picchiare la testa contro il muro perché con il *María Asunción* sono scomparsi amici, parenti...”
“Parenti vostri?”

"Il mio fratellino. Era il suo primo viaggio."

E il più scuro e serio dei ragazzoni scoppiò a piangere.

L'accompagnamento dei giovani sfocia in un palazzo dell'associazione dei pescatori e in un salone dove è riunita la giunta. Un misto di piccoli armatori e proprietari di navi, ma ad aver voce in capitolo è un vecchio marinaio che si presenta dicendo di chiamarsi Roque. È lui a dirigere le presentazioni tra Carvalho e i convenuti; infine si siedono e l'attenuarsi dei rumori consente al vecchio di prendere la parola. Carvalho ascolta con apparente distacco ma ascolta e la sua attenzione aumenta quando il vecchio marinaio parla di nuove apparizioni del *María Asunción*.

"Si è potuto trattare di un'allucinazione collettiva. La prima volta. Ma il fenomeno si è ripetuto tre volte e ormai si è creato un tale stato di tensione che per ogni pescatore imbarcarsi è un dramma famigliare. Le famiglie non fanno che ingigantire la paura, come se per conto proprio non ne avessero già. Non credo alle cose inspiegabili e l'unica soluzione sarebbe di abbordare la nave fantasma e vedere che cosa succede. Ma nessuno osa, e alla Capitaneria di porto ci dicono che per mobilitare la guardia costiera serve ben altro che una storia di navi stregate. Ma qui c'è sotto qualcosa di più grosso che una storia di navi stregate. C'è anche l'assassinio di uno degli armatori del *María Asunción.*"

"E lei dice che mentre passa la nave sembra vuota?"

Sguardi d'intesa di un segreto condiviso.

"Questo era al principio. Ora è peggio." L'oratore si regala una pausa e continua. "Ora appaiono sagome di uomini affacciate ai bordi. Fermi. Come se fossero di cera. In mezzo alla nebbia. Non rispondono mai alle chiamate. È ancora più spaventoso. Fatto sta che abbiamo deciso di affidarle il caso. Qualcuno ci ha parlato di lei. Nello specifico, il signor Márquez, il rappresentante della casa editrice Planeta nelle isole, che va spesso a Barcellona e a cui qualcuno deve aver parlato della sua competenza. Abbiamo preso insieme la decisione di ingaggiarla. Tutta l'associazione dei pescatori. O si risolve questa faccenda o affondiamo. Noi siamo in grado di affrontare le tempeste e adattarci alle stronzate che ci combinano i mori o il governo. Ma non siamo pronti a batterci con i fantasmi."

Come se un potere occulto cercasse di far impazzire gli uomini del mare. È questa la sensazione che gli comunica l'ufficiale della Capitaneria dopo aver vinto la sua resistenza regolamentare a confidarsi con un professionista tanto sospetto quanto Carvalho. Roque, accanto a lui, è assente. Qualcuno vuole tenerci lontani dal mare, come se gli dessimo fastidio.

"Da dove cominciamo?"

"Da un piatto di patate raggrinzite con la salsa. Dove si possono mangiare delle specialià della cucina canaria?"

"Io mangio a casa mia, e mi pare che oggi ci sia qualcosa delle nostre isole, se vuole gradire."

"Tante grazie, ma ho voglia di andare al ristorante."

"Provi a La Caseta de Madera, hanno dell'ottimo pesce locale, dentici, tordi, e salsine. I ristoranti non sono molto affezionati alla cucina canaria. Molti sono gestiti da stranieri. La gente sta dimenticando la cucina locale. Quando ero bambino si mangiava persino la *sarda*."

"Quale sarda?"

"È un pescecane di queste parti. Qui è molto pescoso: perché ci sono acque fredde e acque calde, a seconda delle correnti. Ci sono pesci come certi dentici o come i tordi che sono proprio tipici, i tordi noi li chiamiamo anche pappagalli. Ma si pescano pure tonni, sgombri, palamite, alelunghe, granchi, *petos*."

"Basta così, amico. Mi viene l'acquolina."

Riuscì a farsi preparare delle patate raggrinzite e ad assaggiare la salsina piccante e quella al coriandolo; quanto ai pesci, c'erano dei tordi arrosto, ma niente dentici; i vini e i formaggi canari che Carvalho si era segnato sull'agenda erano ancora nella memoria del *maître* ma non nella sua cantina. Per Carvalho fu indice di quanto le isole ignorassero le proprie radici. Un popolo che non beve il suo vino e non mangia i suoi formaggi ha un grave problema di identità.

Ma il pranzo fu comunque squisito e Carvalho studiò un piano di azione all'ombra di un sigaro Condal numero 6. Da una parte c'era una nave piena di fantasmi e dall'altra un armatore morto.

Doveva scegliere tra i fantasmi e i morti e gli parve che tra gli uni e gli altri i più tangibili fossero ancora i morti.

Il lutto si addice alla donna bruna che cura ogni dettaglio dell'esposizione di oggetti e quadri nella galleria d'arte. Si allontana un po' per verificare che tutto sia ben disposto, e si volta stranita e allarmata quando sente il rumore della porta del locale e vede Carvalho entrare e avvicinarsi.

"È ancora chiuso. Non ha visto il cartello?"

"L'ho visto," dice Carvalho da lontano, e continua a farsi avanti.

La donna si avvicina al tavolino e socchiude un cassetto che contiene soltanto una piccola pistola, nera come il carbone. La mano della donna sfiora l'arma mentre Carvalho avanza.

"La signora Bettancort?"

"Sì."

Carvalho, dalla sua posizione, vede la mano seminascosta della donna e sorride con aria conciliante.

"Non si allarmi. Mi manda l'associazione dei pescatori. Sono un detective privato."

"Ah, esistono? Pensavo che ci fossero soltanto nei film."

"Ad alcuni di noi, quando il film finisce, concedono l'indulto e ci permettono di uscire dallo schermo."

"Dica pure."

Ma la mano resta affacciata al cassetto.

"Prima di tutto, chiuda e cerchi di non lasciarci la mano."

Lei chiude il cassetto precipitosamente.

"Scusi. Ma da quando mio marito..." commenta mentre Carvalho le mette sotto gli occhi la licenza professionale. "Adesso, come nei film, dovrei chiederle: della polizia? E lei mi risponderebbe: no, sono un detective privato. Da quale film mi ha detto che è uscito? O da quale romanzo?"

"No, nessun romanzo. Non leggo libri dai tempi dell'invasione di Praga da parte dei sovietici. Diciamo piuttosto che mi hanno lasciato uscire da un film. Per esempio, *Bersaglio di notte*; le era piaciuto?"

"Non me lo ricordo."

"Ci sono di mezzo certi idoli aztechi e due donne di mezza tonnellata molto ben distribuita, Susan Clark e una bionda con un seno pesante e un po' basso che è una meraviglia."

"Non faccio caso al seno delle signore. Il ragazzo, chi è?"

"Gene Hackman."

"Ora ricordo. Lei è Gene Hackman?"

"Così è, se vi pare."

Carvalho è un esperto di vedove. Ha visto molte vedove nella sua carriera professionale e le ha classificate: la vedova troiana, disposta a gettarsi dalle merlature gridando il nome del marito; la vedova allegra, che si mette subito a ballare il valzer con i becchini; la vedova degna, che mastica la sua pena con un tale stridore di denti che tutti avvertono che ce l'ha e che la trattiene; la vedova da cinema, che recita la parte della vedova già vista in qualche film o una sintesi delle diverse vedove cinematografiche che più le sono piaciute. Queste ultime sono particolarmente moleste, soprattutto se provengono dalla scuola di recitazione dell'Actor's Studio, perché sottopongono l'accompagnatore o il semplice testimone allo spettacolo di un dolore composto di contorcimenti corporali e anemici, mentre portano la conversazione su temi apparentemente di contrappunto. In una certa occasione, una vedova dell'Actor's Studio di Almacellas, provincia di Lérida, mentre si torceva la colonna vertebrale e le mani, gli aveva spiegato per intero il secondo tempo della partita Lérida-Tárrega, perché suo figlio giocava come centravanti. La signora Bettancort non era una vedova troiana, né allegra, né degna, né cinematografica. Era una vedova indifferente, consapevole di sopravvivere in un corpo che meritava di essere contemplato: sia vestito sia nudo. Suppongo.

Il vantaggio di mangiare a Puerto de la Cruz, il complesso turistico progettato da César Manrique, è che qualsiasi frustrazione del palato viene compensata a sufficienza dalla vista. Puerto de la Cruz, ai suoi piedi, con i banani della valle di Orotava alle sue spalle e con il Teide, solenne, più parte del cielo che della terra. Lei osserva la curiosità e l'appetito impiegati da Carvalho nell'atto di mangiare.

"Non aveva mai assaggiato la cucina delle Canarie?"

"Qualcosa."

"Come trova questo *sancocho*?"*

"Primitivo, ma eccellente."

"Bisogna prenotarlo. Qui non apprezzano troppo le specialità locali. Un giorno le preparerò del pesce all'arancia. È un piatto che va cucinato in casa, richiede del tempo. Ma adesso il tempo ce l'ho."

Le è venuto un attacco di malinconia, raschia il bordo del piatto, inappetente. Carvalho le toglie la forchetta di mano, la riempie di cibo e gliela porta alla bocca.

"Le vedove che non mangiano non resuscitano il marito e finiscono col crepare pure loro. Il grande vantaggio della vedovanza è che il morto è l'altro."

Lei rimane sconcertata. Non sa se interpretare le parole di Carvalho come una provocazione. E lo sono, perché Carvalho, senza smettere di porgerle la forchetta piena di cibo, le sorride e aggiunge:

"Inoltre, tutti sanno che suo marito, che riposi in pace, era un mascalzone".

* Piatto di filetti di pesce con aglio, prezzemolo, succo d'arancia e zafferano.

E nel pronunciare la parola "mascalzone", il sorriso di Carvalho si è accentuato, quasi a offrire la parola con gentilezza, e allo stesso tempo si è accentuata la sorpresa della donna, anche se a poco a poco impegna il gesto e un sorriso vince qualsiasi possibilità di irritazione. Accetta la forchettata che sembra conficcarsi tra le belle labbra e restarvi più a lungo del conveniente, e quando Carvalho ritira la forchetta come se la estraesse da una ferita, termina di masticare, inghiotte il boccone e ammette:

"Ha ragione. Era un mascalzone".

"A quanto mi hanno detto, la trascurava parecchio."

"È una storia che viene da lontano, quasi dal giorno dopo il nostro matrimonio, come si dice. Pensavo di avere sposato l'uomo più affidabile di questo mondo e in realtà era un adolescente pieno di paure fisiche e psicologiche. Aveva paura di me, a livello fisico e psicologico. E questa paura arrivò a reprimermi più di ogni altra cosa. Io stessa arrivai a convincermi di farla, di suscitare paura."

"Ha provato a cambiare partner?"

"Poche volte, ma ci ho provato."

"E la temevano?"

"In quest'isola e negli ambienti che frequento, un'adultera fa paura."

"Ossia, lei non si è goduta la vita. Insinua che suo marito fosse impotente?"

"Era un vigliacco sessuale e per questo gli piaceva tanto andare a puttane o mettersi con donne succhiasoldi che gli regalavano la statura del maschio. Era come un adolescente. Peggio di un adolescente, come un bambino."

"Un mascalzone, un bambino... accidenti, l'identikit del morto! Lei provava ancora qualcosa nei suoi riguardi?"

"Quando era normale, mi era indifferente, e quando si comportava da ubriaco, mi faceva schifo."

"Nient'affatto facile, per il ragazzo."

Lei gli ha proposto di tornare a Santa Cruz o di fare un piccolo giro turistico. Il negozio può aspettare, ha messo il cartello con la scritta "chiuso" e qui nessuno si sorprende. Voi continentali, non dite forse che noi isolani siamo paciosi, banane molli, non dite proprio così, banane molli? Benedetta la bananomollaggine dei veterani turisti che vogliono vivere senza fretta in queste isole dove sembrano non esistere le stagioni e il tempo si limita a consentire il chiaroscuro del giorno e della notte.

Anche loro passeggiano lungo il Puerto de la Cruz con la lentezza della gente che ha tutta la vita davanti.

"Le piace?"

"È curioso."

"È stato ideato da César Manrique, un pittore locale che vive a Lanzarote, in una splendida casa sulla scogliera."

"Mi pare di averla vista in tivù."

"È stato qui."

La vedova si è fermata nel punto esatto in cui l'armatore è stato assassinato.

"A dire il vero, la cosa non mi sorprende dopo la descrizione così benevola che mi ha fatto del morto. È andata ai funerali?"

"Sono andata ai funerali."

"Per essere certa che non resuscitasse?"

"Non esageri."

Le cartoline dicono il vero. Carvalho lo constata quando l'auto della donna gli consente di attraversare prima la valle di Orotava e poi di iniziare la salita del Teide per fermarsi infine su un osservatorio propizio. La grandezza di quel che si vede commuove Carvalho, e questo lo infastidisce. Prova meraviglia ma lo disturba ogni sfoggio naturale che trascenda la sua economia di speranze e desideri.

"Le Isole Fortunate."

"Così dite voi, i goti, cioè voi spagnoli, in continente, ma di fortunato non hanno proprio niente. Qui abbiamo tutti i problemi di chi sta lontano dalla Spagna e nessun vantaggio dall'essere spagnoli."

"Lei è separatista?"

"No. Ma i fatti parlano chiaro."

"Suo marito si occupava di politica?"

Una risata inarca il piccolo corpo della piccola ragazza, un piccolo corpo in cui nulla sembra essere piccolo.

"Lui era semplicemente un *viveur*."

"Puerile, mascalzone, *viveur*. Non oso immaginare gli aggettivi che tiene nel caricatore. Sicuro che se tra di noi ci sarà una lunga relazione, da questa boccuccia cominceranno a uscire epiteti vietati ai minori."

"Mi pare già abbastanza: puerile, mascalzone, *viveur*. Il risultato di una cattiva educazione. La famiglia di mio marito era ed è molto potente e lui era stato tirato su come un cocco di mamma. In quest'isola nessuno si sorprende delle macchine sportive, perché hanno un prezzo ridicolo se paragonate a quelle del continente ma le macchine sportive di Juanito Bettancort erano le più care, le più belle sul mercato. E non c'era notizia sulla bella gente pubblicata dai giornali in cui non apparisse Juan con il suo sorriso da campione di nuoto in technicolor."

"Era campione di nuoto?"

"Lo era stato."

"Meno male che aveva qualcosa di positivo. Che stile?"

Lei si porta una mano alla bocca per trattenere il riso.

"Farfalla."

"Lo temevo."

Un giovane dio isolano, rammollito e biondo, con un sorriso da trionfatore e una Porsche d'oro e diamanti ogni due anni. Ma no, non l'aveva lasciata in una buona situazione economica. Si era fatto fuori l'intero patrimonio di famiglia e meno male che anche lei aveva qualche mezzo proprio. Di che cosa si sorprende? Di nulla. Sì, sì, lei ha fatto una faccia sorpresa. In queste isole si mantiene sempre la stessa casta, ci sposiamo tra di noi. Lei sta parlando con una sociologa. Mi sono laureata in Letteratura ispanica all'Università di La Laguna. L'avevo già notato dalla ricchezza del suo vocabolario. E ogni volta che lui pizzica con gli occhi quei seni liberi e sodi che ricattano la camicetta di seta con il loro tiepido sfioramento perché li lasci uscire, lei segue il suo sguardo, come per vigilarlo o stimolarlo.

"Lei ha dei pregiudizi sessuali contro i continentali, i goti, come li chiama?"

"Non so ancora se lei è un continentale o un goto. Un goto è un predatore. I goti non mi piacciono."

"Sinceramente. È stata sorpresa della morte di suo marito?"

"No."

"Perché?"

"Perché un giorno o l'altro doveva accadere. Non

rientrava mai prima delle quattro o le cinque del mattino e ogni volta tornava a casa con addosso un profumo diverso."

Pausa per esitare prima di fare impiego delle parole che finalmente impiega.

"Un profumo per ogni puttana, per ogni notte. E questo senza tener conto delle amanti diurne. Correva dietro a qualsiasi cosa con la sottana. Doveva mettersi alla prova."

"In tal caso l'assassino può essere stato persino il principe di Galles in tenuta da scozzese."

Lei ride per la battuta e guarda verso il Teide.

"Le piacciono i vulcani innevati?"

"È una domanda o una metafora?"

"Juan era un vulcano innevato, ma senza la dignità del Teide. Era depresso e sull'orlo del crollo. Era un armatore e ricavava poco dalla pesca, ma aveva le mani anche in che so io, in tutto. Non c'è stato un solo intrallazzo nell'isola, intrallazzo legale, certo, in cui non avesse messo le mani."

"Era un buon affare la flotta di suo marito e del suo socio?"

"Molti problemi. Soprattutto da quando è diventato difficile lavorare lungo la costa del Sahara spagnolo. Poi riuscivano a guadagnarsi la giornata con la parte di flotta destinata alla pesca del tonno, partivano verso il nord, in cerca dei banchi che passano nello stretto. A lei sembrerà una cosa normale, elementare. Ma c'è chi sarebbe disposto a uccidere per tutto questo. La gente crede che pescare consista nel prendere una canna e una lenza e passare ore e ore seduto a guardare il mare, in attesa che i pesci abbocchino. La pesca è un affare di milioni, che mette in moto interessi di ogni tipo."

"Se lei dovesse dare un consiglio a un detective

che indaga sulla scomparsa di una nave e sull'assassinio di suo marito, che cosa gli direbbe? Da dove comincio? Dalla nave?"

"Cominci dall'uomo e lui la porterà alla nave."

Carvalho la contempla. Ha parlato con una certa enfasi. Lei guarda l'orizzonte con l'ovale preciso del volto sottolineato dal vento deciso a portare via con sé la chioma nera della donna. Carvalho la aiuta a conservare la chioma trattenendo una ciocca di capelli tra le dita.

"Lei che cosa sa?"

La risposta tarda ad arrivare.

"Nulla e troppo."

E ritira la mano dell'uomo. Con dolcezza.

"È come parlare di corda in casa dell'impiccato."

Il padrone della *boîte* pesa duecento chili vestito e centottanta come carne da macello. La differenza va più attribuita all'abbondanza di gioielli che porta addosso che al leggero abbigliamento, composto da camicia a fiori e tenue giacca di lino bianco. Ogni volta che Carvalho ha fatto girare il nome di Juan Bettancort de Lys nei diversi bar, discoteche e *boîtes* del porto, fossero a cinque stelle o a cinque puntine da disegno arrugginite, ha avuto risposte analoghe, sebbene pochi abbiano dimostrato tanta capacità di metafora quanta il ciccione che sembra una vetrina da gioielliere burino.

"Quando si ubriacava era un pericolo perché menava le mani con chiunque. E quando era sobrio continuava a essere un pericolo perché non si ricordava di niente, tra l'altro neanche di pagare. Lo si tollerava perché era un Bettancort de Lys, una famiglia di armatori e coltivatori di tabacco."

"A proposito di tabacco. Dove posso trovare un mazzo di *palmeros* fatti a mano?"

"Questa roba scarseggia. Ci sono sempre meno franchi tiratori del tabacco; ma lei sa cosa vuole, effettivamente sono i migliori sigari in circolazione."

Ha tutta la notte davanti e una strana oppressione dalla cintola in giù, quella lasciata da un'aspettativa sessuale frustrata, attivata di continuo dal ricordo del corpo libero di Natalia nella camicetta di seta o dall'espressione promettente di un viso di vedova, quello che ha inaugurato una nuova categoria nel suo bestiario di superstiti: vedova modello Teide, un vulcano innevato, un vulcano desideroso di ricoprirsi le tempie di neve. In una sala da ballo gli avevano detto che don Juan era un gentiluomo, ma il proprietario gli era sembrato un cretino, ragion per cui annotò con un punto di domanda la prima buona referenza ricevuta sul cadavere.

"Vuol sapere perché lo hanno ucciso? Per gli affari, per le gonnelle. Chi può dirlo. Don Juan era un gran puttaniere, questo sì."

Don Juan era un gran puttaniere. Dove stavano le puttane finite a letto con lui? Poche indicazioni concrete. Ma era stato visto spesso con Noelia la Palmera.

Carvalho si muove nella notte turistica di Tenerife. Passeggia tra le luminarie, parla con la gente, con gli abitanti della notte. Noelia la Palmera?

"Ha lasciato un conto da pagare di duecentomila pesetas."

"La Palmera?"

L'eroso proprietario della "cockteleria" strizza l'occhio, e con la voce roca del bevitore di acquavite aggiunge:

"No, amico, no, don Juan Bettancort. Duecentomila pesetas in bicchierini non sono una bazzecola. Questo, qui da me. Poi ci sono altre migliaia e migliaia di locali. E la vedova mi ha detto che se spero di incassare dovrò andarlo a cercare all'altro mondo. La vedova. Lei la conosce?". Altra strizzatina d'occhio. "Accidenti, che vedova. Eppure quel mascalzone andava ogni sera con una donna diversa. E un appartamentino a Tizia e un altro a Caia. Un ragazzo a posto."

Lustrascarpe, *entraîneuse*. Una *entraîneuse*.

"Ultimamente le cose non gli andavano bene, e poi invece sì. E cambiava dalla sera alla mattina. Ma era preoccupato. Noelia è da tempo che non la vedo. Be', da tempo, da giorni."

Altra notte, altra fauna notturna, poi una certa insonnia, guardando il soffitto della stanza d'albergo. Insonnia e riflessione troncate da una chiamata telefonica e la sorpresa di una voce di donna che non è quella di Natalia.

"Credo che lei mi abbia cercato tutta la notte. Sono Noelia la Palmera. Perché mi vuole vedere?"

"Ho bisogno di un'informazione."

"Pagata?"

"Perché no?"

"Dove? Quando?"

"È possibile ora?"

"È possibile."

"L'aspetto nella camera 634 dell'Hotel Mencey."

La chiamata è stata fatta dall'albergo o dalle sue vicinanze perché la Palmera non tarda a chiedere permesso e a impadronirsi della stanza con un corpo pieno di pieghe e un viso da india canaca ripreso durante la pesca delle perle da un pittore belga.

"Bello. Prima parliamo e poi facciamo l'amore o facciamo l'amore e poi parliamo?"

“Intuisco che sei una ragazza di buona conversazione.”

“È il mio forte. Tutti i clienti mi adorano perché li lascio parlare e poi parlo io e lo faccio con sincerità, non taccio niente se considero che è per il loro bene.”

“Che cosa consigliavi a Juan Bettancort?”

“Di contare sempre fino a cento prima di fare qualcosa. Juanito, sei troppo impulsivo. Conta fino a cento, conta sempre fino a cento.”

“Non è una cattiva idea.”

“Sicuro che non vuoi scopare prima? Guarda che tette ho. Sono tue, se vuoi.”

“Mille grazie, ma non saprei dove metterle. Ho portato solo una valigetta.”

La Palmera ride con sincerità.

“Il proprietario del Concorde mi ha detto che mi stavi cercando, e quello del Machu Picchu, e quello del Gipsy. Sai, mi stai consumando il nome a furia di parlarne in giro. Mi avevano consigliato di non farmi vedere per qualche giorno. Ci sono molti tipi morbosi da queste parti, e si sapeva che Juanito era uno dei miei clienti preferiti.”

“Chi te l’aveva consigliato?”

“Molta gente.”

“La polizia?”

“Non solo la polizia.”

“E ora ti hanno consigliato di venirmi a trovare.”

“Sono venuta perché mi hanno detto da più parti che mi stai cercando. Senti, cocco. Se non intendi scopare, io per il mio tempo mi faccio pagare.”

“Quanto prendi per il tuo tempo?”

“Alcuni mi danno cinquemila e altri diecimila.”

“Io sono di quelli da cinquemila. Soprattutto per parlare. Mi pare che sia ben pagato.”

"In anticipo, amore, non è tempo di crediti."

Prese i soldi e parlò. Per lei Juan era una vittima di se stesso. Non si può forzare la sorte ogni notte. Risse e tipe senza scrupoli che un giorno ti possono trascinare in un'imboscata e fregarti la grana, come era capitato a lui, perché il cadavere è stato ritrovato ripulito, senza un centesimo, senza nemmeno le carte di credito.

"Ho un po' di paura perché tutti sapevano che Juan mi stava dietro, e per questo ho dato retta a don Gabriel quando mi ha detto di non farmi vedere per qualche giorno."

"Chi è don Gabriel?"

"Il socio di Juan."

"Si spartivano qualcos'altro, oltre gli affari?"

Si porta trionfalmente le mani sui fianchi inciciottiti.

"Qui c'è molto da spartire, cocco. Ma soprattutto io parlavo con don Gabriel, perché ci davamo dei consigli su come trattare Juan. Juanito era un bambinone."

E il giorno seguente un ufficio mediamente confortevole, un ufficio che aveva visto il suo momento migliore vent'anni prima, un ufficio fatto su misura per un quarantenne che sembra controllare tutto da vicino per via del suo modo di dare ordini alla segretaria, di rispondere al telefono.

"La vedo molto occupato. Suppongo che tutto il lavoro del suo socio le sia ricaduto sulle spalle."

L'uomo sorride ironicamente.

"Mi è ricaduto quel che faceva e quel che non faceva. In teoria lui seguiva le pubbliche relazioni, ma preferiva quelle private. Sono un socio sfortunato."

Una telefonata. Gravità sul volto.

"Capisco. Sì. Ci vado appena posso. Chiami il prefetto."

Attacca il telefono e sospira rassegnato.

"Come ci si aspettava."

"Che succede?"

"La flotta si rifiuta di partire. Ormai sono nel panico. Quella nave, il *María Asunción*, li ha terrorizzati. È la fine. Meglio gettare la spugna. Tengo ancora tutto in piedi per sentimentalismo. Abbiamo ereditato la ditta dai nostri genitori, sia Bettancort che io, ma adesso non mi si può chiedere di più. Da quando mi sono laureato non mi sono più mosso da quest'ufficio. Sono stufo."

"Ma la pesca del tonno va bene, no?"

L'espressione del socio non è più stanca, ma allarmata. Mormora con voce sporca:

"Non va male, ma potrebbe andare meglio, perché?".

Carvalho ha colto il mutato tono di voce e medita, per chiedere infine:

"Perché dicono che siete i migliori ad andar per tonni?".

"È una nostra specialità fin da tempi che direi immemorabili. Conosciamo le rotte dei banchi e abbiamo adattato la tecnica di parte della nostra flotta a questo tipo di pesca."

"Il *María Asunción* fa parte di questa flotta?"

"No. Faceva parte della flotta che si avvicinava alle coste del Sahara o che restava nelle acque fredde delle isole più occidentali."

"Chi può avere interesse a spargere il panico tra i pescatori?"

"La risposta è elementare. Qualcuno che non vuole che peschino."

“Un’altra flotta di pescherecci?”

“Chissà. Le Canarie sono diventate una scacchiera sulla quale giocano lo spionaggio, il contrabbando, la strategia politica. Ci sono più sottomarini che pesci. Russi, americani, mori, non ci levano gli occhi di dosso, e i ‘goti’ fanno finta di non esserne al corrente.”

“È la seconda volta che sento questa parola. Chi sono, i goti?”

“Voi. Quelli del continente. Quelli che sono vissuti voltando le spalle a queste isole e lasciandole senza altro aiuto che non fosse il clima.”

“Di che cosa si occupava il suo socio?”

“Gliel’ho già detto. Pubbliche relazioni. In teoria, certo. Il lavoro non era il suo forte.”

“E perché l’hanno ucciso?”

“Dubito che sia per qualcosa di attinente al lavoro. Lo attribuirei piuttosto alla sua lazzaronaggine. Non è morto per le sue pubbliche relazioni, ma per le sue relazioni private.”

“Lei utilizzava la Palmera come confidente?”

“Non è la parola giusta. Mi interessava essere informato per prevenire i disastri di Juan. Questo è quanto. Non ho avuto fortuna con il mio socio.”

“È stato lei a cercare la Palmera o la Palmera a cercare lei?”

“Preferisco prevenire che curare.”

Nuovo ingresso di Carvalho nella galleria. Adesso lo accoglie il sorriso della donna. Carvalho ha in mano una borsa e guarda il piano della scrivania con la coda dell’occhio.

“Non apre il cassetto?”

“Non saprei che fare. Che cosa mi consiglia?”

"Non ci si può fidare di nessuno. Sono venuto per invitarla a cena."

"Molto gentile. Dove?"

"A casa sua."

"A casa mia?"

Nel viso della donna la sorpresa fa strada alla malizia.

"Lei ha dei sistemi di abbordaggio molto personali."

"Non mi lamento. Ma non mi fraintenda. Ho bisogno di cucinare. Sono fuori casa. Non posso chiedere a quelli dell'albergo di lasciarmi preparare i piatti del giorno. Lei è la sola donna con cucina che conosco in quest'isola."

La sorpresa è tornata sul viso di lei.

"La avverto che sono un cuoco provetto."

Lei annuisce, ma è sempre sconcertata.

"E che ho comprato certi pesci, quelli che chiamano tordi, per fare un esperimento."

La donna continua a non reagire.

"Vorrei preparare un piatto catalano con il pesce delle Canarie. Ha mai sentito parlare del *suquet* della Costa Brava? No? Questa sera potrà assaggiarlo con quel nobile, veterano, onesto pesce locale."

Carvalho soffrigge una manciata di piccoli granchi, e poi li toglie dalla padella per farne un *court-bouillon*. Nell'olio rimasto mette alcuni spicchi d'aglio sbucciati, pomodoro, cipolla, sale, pepe e quando il soffritto è a buon punto vi aggiunge delle patate tagliate a lamelle di mezzo centimetro e il *court-bouillon* ottenuto dai granchi. Quando le patate sono pronte, dispone i tordi nel brodo per farli cuocere quanto basta e insaporirli con il soffritto e l'aroma dei granchietti; ormai non manca che un trito d'aglio e prezzemolo, e poi si cena. Lei si è procurata un vino bianco di Tacoronte, perché il detective non possa dire di non aver assaggiato il vino canario, ma tiene un Sancerre di riserva nel caso a Carvalho non piaccia il vino locale. Ma gli piace, perché non c'è nulla di più gratificante del mangiare e bere quel che producono i quattro orizzonti che ti circondano.

"Lei rinuncia al cinismo soltanto quando parla di cucina."

"È l'unico sapere innocente che io conosca. Ogni altro sapere è pericoloso."

Gabriel, il socio di Juan? Quasi non l'ho frequentato, dirà Natalia. È un uomo molto riservato, l'antitesi di Juan. È sposato con una donna che sembra una banana, lei sì che sembra una banana, non rida. È una donna lunga e gialla, come una banana.

"Non le piace? Vedo che non lo assaggia."

"Mangio molto piano. Non ho tanto appetito."

Lei aveva l'impressione che Juan fosse stato utile a Gabriel nel primo periodo, perché un Bettancort de Lys poteva aprire molte porte a un uomo senza tanti legami con i patrizi dell'isola. Ma l'inconsistenza e la mancanza di serietà di Juan li avevano allontanati sempre più.

"Erano in bancarotta."

"Per quanto riguarda Juan, sì. Ma quanto a Gabriel, non sarei così sicura."

"Se erano soci e la ditta andava male, andava male a entrambi." Natalia fa spallucce.

"Io so soltanto che Gabriel è un uomo in piena espansione, anche se questo specifico affare va male. Invece Juan era sull'orlo della rovina e la sua famiglia non gli dava più un centesimo."

"E lei?"
"Non una peseta. Da me aveva già avuto abbastanza."
Carvalho ripulisce il piatto con un pezzo di pane e lei mangia con la svogliatezza abituale, anche se partecipa al rituale comunicativo della cena e informa Carvalho su quanto le domanda.
"Ci sono due *mojos,* due salsine fondamentali, quella rossa e quella verde. Ma le salsine cambiano a seconda dell'erba che ci si mette. Una salsa fredda va usata per accompagnare generalmente i pesci bolliti o le patate raggrinzite."
"La stessa funzione degli ingredienti piccanti ai Tropici. Per stimolare i succhi gastrici e far venire l'appetito. Altrimenti, per via del clima, la gente sarebbe inappetente. Come te."
Lei sembra sorpresa del fatto che lui le dia del tu e la definisca inappetente.
"Ma se mangio tanto."
E finge di avere la bocca piena.
"E sono molto grassa."
Si guarda come se fosse molto grassa, e nell'alzare lo sguardo si imbatte negli occhi di Carvalho che percorrono le sue forme con tutt'altra intenzione. Mette le braccia davanti al seno e si appoggia al tavolo. Carvalho le dice senza guardarla:
"Ho grandi progetti. Comincio dalla fine. Domani potresti farmi da cicerone a Lanzarote. Voglio visitare l'isola. È un'ossessione che ho fin da bambino".
"E la galleria?"
"Chiudi per ferie. Ho già i biglietti per l'aereo."
"Molto convincente. Hai cominciato dalla fine. Che altro?"
"E adesso potresti ringraziarmi per questa cena eccellente che ti ho cucinato."

“Come?”

Carvalho china la testa dalla sua sedia fino a porla all’altezza della donna, prende le labbra di lei con le sue e si scambiano un bacio, lungo, lento, estasiato, con i corpi sopra i piatti, al punto che un seno di lei si immerge nella vaschetta di salsa piccante. Nel ritirarsi, lei ha i colori accesi e Carvalho le guarda la scollatura.

Dirige una mano verso il seno finito nella salsa. Lei se ne accorge e cerca di pulirsi con il tovagliolo.

“Lascialo così. È una specialità canaria.”

E Carvalho si alza per andare verso la donna che lo aspetta.

Proprio così: una coppia normale come tante altre che si gode dodici ore di soggiorno a Lanzarote a bordo di una piccola jeep che impolvera la gioia dell’avventura. Un percorso convenzionale lungo il parco vulcanico, lungo le sabbie di una geologia insultante, lungo le piantagioni di banani del nord e il belvedere sull’Isola Graciosa o la grotta de los Verdes a Los Jameos, con tutti gli annessi: il presunto cammino sotterraneo degli antichi indigeni *guanches* verso il mare, i tic della guida, la routine della condotta dei turisti convenzionali. E di tanto in tanto cedimenti di tenerezza, le mani allacciate, un bacio e, a un tratto, precisamente sul belvedere della Graciosa, il panico negli occhi di lei che vedono un uomo magro, spigoloso, apparentemente chinato sulla balaustra, come sopraffatto dallo spettacolo infinito dell’Atlantico. Carvalho segue la rotta del panico della donna.

“Che ti succede?”

Lei scosta la testa e dice niente con un gesto. Continua a osservare l’uomo magro che si allontana. La sua mano si è freneticamente impadronita del braccio di Carvalho.

"Andiamo via. Subito."

"Che ti succede?"

"Sono stanca."

Silenzio per il resto del viaggio. Il clima psicologico è cambiato. Carvalho accompagna la donna dall'aeroporto a casa. Sale con lei. La donna cerca di non mostrargli il viso. Carvalho si siede. Lei resta in piedi.

"Credo sarebbe vantaggioso per entrambi se mi dicessi cosa ti succede. Chi era l'uomo di prima?"

"Mi sono sbagliata. Ho preso uno spavento. Mi ha ricordato qualcuno che non ho voglia di vedere."

"Questo non è tutto."

"È tutto."

La voce di lei è irritata.

"Non è tutto."

Si volta adirata.

"Non complicarmi la vita! Me l'ha già complicata abbastanza quel farabutto di mio marito! Tu te ne andrai e io resterò qui. Dovrò restare qui a sbrogliare tutti i casini che ha combinato quel poco di buono."

"Non gridare. Dimmi tutto a voce bassa e piano. Cercherò di aiutarti."

C'è fatalismo nel gesto della donna quando crolla e singhiozza e rifiuta il conforto dell'uomo per correre a rifugiarsi in bagno. Carvalho aspetta pazientemente passeggiando nell'appartamento, spizzicando qualcosa dal frigorifero. Bevendo un bicchiere di whisky. Infine lei torna. Ha cercato di cancellare gli effetti del pianto con dell'acqua fredda. Va verso la porta sulla strada, la apre, invita Carvalho ad andarsene.

"Si chiama Guedes. Era in affari con mio marito e non tanto buoni. Puoi cominciare da lì per adesso, non ti dico altro. È un bullo. È tutto quello che intendo dirti."

Carvalho ubbidisce e mentre le passa accanto la bacia con dolcezza.

"Vuoi che resti con te?"

"Questa notte, no. Per favore."

Carvalho monta la guardia all'angolo della casa della donna. Dovrà aspettare ben poco. Qualche minuto dopo lei esce dalla porta con una valigia in mano e l'uscita coincide con l'arrivo del radio-taxi. Guarda a destra e a sinistra e ci salta su. Carvalho non ha fatto in tempo a fermarla, ma può comunque seguire il taxi nel percorso che intraprende uscendo da Santa Cruz per imboccare decisamente la strada che conduce all'aeroporto. Carvalho recupera parte del tempo perso mentre lei scende e si trattiene a pagare. Poi deve correre per riuscire a raggiungerla al banco dove lei sta comprando un biglietto.

"Dove vai?"

Lei soffoca un grido e si volta. Non risponde e si china ancor di più per isolare la sua conversazione con l'addetta. Pochi secondi dopo il biglietto è una realtà. Lei guarda l'ora e il tabellone delle partenze. Continua a non parlare.

"Hai così tanta paura? Perché non vai alla polizia?"

"Arriverebbe mezz'ora dopo, quando tutto sarebbe inutile. Io non ne volevo sapere, capisci? Ma lui era ubriaco, non aveva ritegno, e si vantava dei suoi intrallazzi. La presenza di quell'uomo a Lanzarote è stato un avvertimento e io me ne vado. Tornerò quando potrò tornare."

Lei gli prende una mano.

"Non mi sono comportata male, con te."

"No. Al contrario. Sono io ad avere la coscienza sporca. Ti ho complicato la vita."

Lei dice di no con la testa. Ha gli occhi pieni di lacrime mentre si congeda.

"Sai che la mia casa è la tua, se un giorno vorrai tornare, quando tutto sarà passato."

"Sono stato trattato così bene che tornerò."

Di nuovo è apparso l'allarme sul viso della donna che si volta bruscamente e se ne va di corsa verso l'imbarco. Lì c'è l'uomo magro, che sta cercando qualcuno, come se ancora non avesse trovato l'oggetto della sua ricerca. Carvalho fa in modo di non farsi vedere. È lui ora a sorvegliare il suo sorvegliante che va alla biglietteria a scambiare due chiacchiere con la ragazza. Fa un gesto contrariato e torna sui propri passi, esce dall'aeroporto, va verso il parcheggio. Carvalho lo aspetta dietro una macchina e quando l'altro arriva alla sua altezza il detective lo ferma con una sigaretta in mano.

"Ha da accendere?"

La frazione di secondo persa dall'uomo per rendersi conto della situazione viene sfruttata da Carvalho per prendere l'iniziativa e sottoporlo a una dura lezione allo stomaco e al fegato con colpi di karatè. L'uomo reagisce tardi, agitando le mani, ma i colpi hanno avuto il loro effetto e quello cade per terra. Carvalho si ritira e si nasconde osservando il caduto, che si riprende lentamente. Si alza. Scuote la testa stordito. Guarda in ogni direzione e va verso una macchina, mette in moto, esce dall'aeroporto. La macchina di Carvalho lo segue.

È l'alba quando le due auto arrivano a destinazione. Un cartello stradale informa Carvalho di trovarsi a nordest dell'isola, vicino al paese di Los Silos. L'uomo in seguito prende una strada di terra battuta e si inoltra in una proprietà privata. In fondo alla strada lo aspetta una villa imponente, tipica delle Canarie, in cima a una scogliera. La macchina si ferma. Carvalho lascia la sua nascosta tra gli alberi del viale di accesso alla tenuta e si avvicina. È più di una villa. Lo si capisce dalla presenza di quattro o cinque uomini, rilassati ma uniti da qualcosa che non è il luogo di lavoro o un legame famigliare. Non sorvegliano nemmeno. Sono in attesa. Carvalho percorre l'esterno della casa e si ferma davanti alla finestra di un salone decorato con ricordi di viaggi africani. Una coppia evidentemente nordica, di mezza età, parla con l'inseguito. Carvalho spinge delicatamente la finestra per sentire quel che dicono.

"E non è riuscito a sapere dove andava?"

"Per pochi secondi. Ma l'aereo che ha preso non può essere che quello della linea Fez-Parigi."

"A Fez potrebbe scendere e prenderne un altro. E quei segni?"

"Sono stato aggredito dal tipo che stava con lei a Lanzarote."

"Il detective?"

"Quel che è. Mi ha preso di sorpresa. Quando lo agguanto gli do una lezione."

"Non si faccia notare troppo. Alla polizia piacerebbe acciuffarla e dimostrare che è stato lei a fare fuori quella sanguisuga. L'operazione sta per concludersi, e sarebbe un peccato mandarla a gambe all'aria."

La donna si avvicina alla finestra e la chiude.

Carvalho aspetta accovacciato accanto a una siepe che l'inseguito se ne vada e subito dopo fa di nuovo il giro della casa e si ferma davanti a una finestra rasoterra che si apre su un grande scantinato. Si blocca perché lo scantinato non è vuoto, ma stracolmo. Circa una ventina di uomini si muovono in un recinto occupato quasi per intero da brande. Carvalho sbatte le palpebre, ma è proprio tutto vero. I venti uomini sono quanto di più simile a venti cinesi.

Carvalho cammina circospetto in cerca della sua macchina, ma quando sta per entrarci una voce risuona alle sue spalle.

"Ha perduto qualcosa?"

La coppia nordica lo osserva sorridente, e in apparenza rilassata.

"Scusate. Cercavo la costa per pescare e mi sono cacciato in questa strada, ora vedo che si tratta di una strada privata."

"È scritto all'ingresso."

"Non ci ho badato. Potete indicarmi una via per scendere verso il mare?"

"Non si pesca molto su questa costa. Per un pescatore sportivo è molto meglio andare dalle parti di Callao Salvaje o di Punta Salema."

"Soggiorno per l'appunto davanti alla spiaggia delle Americhe e non mi è sembrato un posto adatto."

"Lo è."

"Siete voi i proprietari?"

"Proprio così."

"Scusate l'invasione."

"Lei è scusato ma non si perda di nuovo. Questo è un posto molto isolato, ci sono i vigilantes e potrebbe avere qualche brutta sorpresa."

“Non ne dubito. Grazie. E, ancora una volta, grazie.”

I nordici lo congedano con un cenno del capo e un sorriso apparentemente amabile. Carvalho mette in moto la macchina e se ne va. Quando ritiene di aver vagato a sufficienza, torna verso la villa e si infila in un sentiero per lasciare la macchina nascosta tra i rovi a una svolta della strada. Sale in cerca di un’altura dalla quale poter vedere la casa: nel patio, la coppia parla con un ospite inatteso, Gabriel, il socio di Juan. Non ha perso il suo atteggiamento da persona riposata, ma ha le braccia sciolte ed eccitate, in contrasto con la parsimonia gestuale dei padroni di casa. Cercano di convincerlo di qualcosa o almeno di controbattere, ma lui insiste, e anche se c’è contegno nel suo commiato, la rigidità del saluto evidenzia un accordo mancato. Il socio sfortunato va verso la macchina e la coppia lo lascia partire senza alterarsi, ma quando lo perde di vista chiama un paio di uomini che salgono su una jeep e sfrecciano all’inseguimento della macchina. Carvalho intuisce che al socio sfortunato può capitare qualcosa di poco fortunato e si chiede se andare ad avvertirlo o restare a vedere il seguito. Sono pagato per indagare sulle scomparse di navi, non di soci sfortunati. E resta al suo posto, contemplando la calma apparente della casa, senza altra novità se non l’abbaiare di cani invisibili o il rumore dei trattori al lavoro nei terrazzamenti nascosti dalla casa. Sente uno scoppio potente a ovest, dove la montagna precipita verso il mare, consentendo a malapena i tornanti di una strada scoscesa, e abbandona il posto per cercare una prospettiva che gli consenta di scoprire la causa dello scoppio. Qualcosa brucia ai piedi dell’abisso intuito, ma non riesce a capire che cosa sia e si accontenta di contemplare la colonna di fumo nero che spezza la continuità tra cielo e mare. Torna al suo osservatorio nel momento in cui giunge il rumore ancora lontano di un camion che tarda a farsi vedere e a completare il percorso fino al patio della villa dei nordici. I due autisti scendono, aprono la cassa e non scaricano nulla, anche se Carvalho, da dove si trova, non può sapere se c'è qualcosa da scaricare. Entrano nella casa, che sembra avere delle fauci immense, in cui c'è posto per tutto. E nel frattempo si fa scura, e Carvalho si sente rimordere la coscienza all'idea di perdere tempo ma decide di concedersene ancora, quasi gli seccasse aver sciupato tempo e intelligenza per nulla. A notte fatta, si apre una porta laterale dalla quale comincia a uscire una fila di uomini, imbastiti dal filo delle tenebre, camminatori silenziosi verso la cassa aperta del camion dove entrano per sparire altrettanto silenziosamente, come sono riapparsi dalla casa in apparenza addormentata. Carvalho corre a riprendersi la macchina prima che il camion si allontani troppo e si apposta a luci spente su un sentiero di terra battuta fino a quando il camion gli attraversa l'orizzonte, e lascia che si distanzi per poi seguirlo. Il camion sta cercando la strada secondaria che porta alla scogliera e risale una scarpata, per poi cercare la discesa precipitosa verso l'oceano. Si avvicinano al luogo dal quale era giunto lo scoppio ed era salita la colonna di fumo, e l'intuizione di Carvalho trova conferma nella forma scura di una macchina bruciata trattenuta dalle penultime rocce che la separano dal mare.

"Un socio sfortunato," mormora Carvalho, e le sue parole gli suonano di requiem.

Per la prima volta percepisce segnali interni di allarme, avvertenze sul caso che professionalmente lo scavalca, pensa ai soldi che potrà incassare per sentirne lo stimolo, ma che sarebbe di me e della mia vita senza l'impulso della curiosità? A un tratto, un raggio di luna tra le nubi lascia intravedere la destinazione della strada e del camion: un *cul-de-sac* accanto a delle rocce nel mare che formano un porto naturale e, attraccato nel porto, un peschereccio senza luci e apparentemente senza vita. Carvalho ferma l'auto, la abbandona alle sue meditazioni d'auto e comincia a scendere camminando lungo sentieri torrentizi che portano ai piedi del versante. Si apposta a dieci metri dalla fine logica della spedizione, protetto dai cactus e dalle agavi, ma soprattutto dalle esitazioni di una luna che questa notte si è impigrita.

Nulla si muove sulla nave, in attesa del movimento che le potranno apportare gli uomini che viaggiano nel camion impegnato nella difficile discesa lungo il letto asciutto di un torrente. Ma quando si constata che il camion è sul punto di raggiungere il suo obiettivo, una luce si accende in coperta ed esseri oscuri la occupano per gettare in mare due gommoni col fuoribordo che raggiungono gli scogli quasi insieme alle guide della colonna umana che ha cominciato a spuntare dal camion. Uno degli uomini in attesa del suo turno per imbarcarsi va verso il punto dove sosta Carvalho e piscia mentre tenta di alzare la testa in cerca della luna. Si ritrova, invece, con un colpo ponderato alla base del cranio che lo fa crollare a terra, e Carvalho trascina il corpo verso il nascondiglio. Verifica che è uno degli asiatici intravisti nello scantinato della grande casa. Lo spoglia e ne indossa gli indumenti: una canotta con dei lacci sul petto, un paio di jeans, un berretto che lo aiuterà a nascondere il volto. Ma quanto sta accadendo sulla spiaggia favorisce i suoi piani.

Gli uomini si stanno pitturando la faccia con una sostanza bianca fosforescente. Carvalho ne chiede un po' e fa come loro. Poi si imbarca insieme agli altri in un gommone per raggiungere la nave. A questo punto è più chiara la sagoma del peschereccio e dall'altezza del gommone si leggono le parole: "*María Asunción*". Vengono calate delle scalette di corda e i gommoni si accostano alla nave consentendo ai viaggiatori di arrampicarsi e salire.

I movimenti sono eseguiti con la precisione di un'operazione provata a lungo. Carvalho riceve ordini in una lingua che non capisce e vede che la maggior parte dei nuovi arrivati si dedica a trasportare dei bidoni neri oppure si colloca lungo le fiancate in coperta in attesa degli eventi. Il *María Asunción* naviga e il capitano dal suo posto di comando scruta l'orizzonte. Dà ordini nella lingua di prima e quelli che maneggiavano i bidoni li aprono e li lanciano in mare e quindi il mare si lascia andare a strani bollori colorati e una nebbia gialla si trasforma in un filtro dell'orizzonte dove cominciano a insinuarsi le navi della flotta di pescherecci. Da queste navi, l'apparizione del *María Asunción* viene accolta con segni della croce, terrore, isterismi, imprecazioni al capitano o all'armatore che li cacciano in simili guai. L'agitazione della flotta contrasta con la calma, la parsimonia robotizzata del *María Asunción*. Gli uomini sono allineati in piedi, statici sulla nave, senza muovere un muscolo, sono lì per farsi vedere. Carvalho ha potuto avvicinarsi al capitano. È un asiatico impressionante, granitico, con la faccia piena di cicatrici. Carvalho cerca di trovare il posto radio e finalmente lo localizza. Si fa tornare in mente vecchi saperi per dare inizio a una trasmissione e, quando il suo viso esprime la comprensione del funzionamento, una smorfia di dolore glielo trasforma mentre riceve un duro colpo in testa, e dietro di lui si affaccia il corpo minaccioso e contundente del capitano.

Lo sveglia il beccheggio con cui il mare infierisce sul motoscafo nel quale viene trasportato. Riprende a poco a poco conoscenza e vede che il *María Asunción* è rimasto ancorato a una distanza prudente dalla costa di partenza. Il gommone raggiunge la spiaggia e lui viene sbarcato a spintoni. Lo buttano nel camion sul quale vive la difficile salita lungo il letto del torrente, sopporta gli sguardi indecifrabili degli altri passeggeri asiatici e infine il rumore del veicolo che si arresta lo informa di essere giunto a destinazione. Il piede appoggiato sul culo che lo teneva schiacciato a terra si ritira e Carvalho si alza, ma non recupera il movimento da solo. Di nuovo viene spintonato e salta e cade per terra, in giardino. È nella residenza dei nordici e all'alba lo fanno entrare in casa attraverso un tunnel, costringendolo ad avanzare fino al salone dei ricordi africani. Lì si trovano i padroni di casa e il capitano cicatrizzato e guercio.

"Si è smarrito di nuovo?"domanda il nordico sornione. "Pensavo si dedicasse alla pesca sportiva, non a quella d'altura."

"Non avevo mai visto tanti cinesi tutti insieme, e ho pensato, dove ci sono tanti cinesi, uno in più, che cosa importa? Questo sembra un film di Fu-Manchu."

"Non sono cinesi. Sono giapponesi."

Ha parlato il capitano asiatico del *María Asunción*.

"Che cosa fanno? Cercano di carpire il segreto industriale di come si fanno i pescherecci?"

"Adesso le spiegheremo quel che è già stato fatto. Ripeto: *già stato fatto*. Entro un'ora saranno cancellate tutte le tracce e l'operazione terminata. Lei ha idea di che cosa significhi l'affare della pesca?"

"Per me la pesca è sempre qualcosa di sportivo, amatoriale, olimpico. È il rapporto tra un uomo, una canna e un pesciolino più o meno furbo."

"Commovente. Una favola sulla solitudine dell'uomo intelligente di fronte alla natura con il suo istinto di sopravvivenza, come nel *Vecchio e il mare* di Hemingway."

"Non leggo praticamente nulla. Le fatture e la guida telefonica."

Proseguì il nordico.

"Per anni abbiamo preparato l'operazione. Si trattava di destabilizzare la zona e cogliere l'occasione per raggiungere il banco di tonni, piazzare un piccolo trasmettitore su uno dei pesci in modo da poterlo seguire insieme al branco. A partire dal momento in cui individuiamo la rotta abituale dei toni, ci basta aspettarli in un punto determinato dell'Atlantico e catturarli prima che arrivino su queste coste. Non è una congiura di pescatori amatoriali. È un'operazione da miliardi di pesetas."

"Uno vede la scatoletta di tonno e non pensa a tutto quello che ci sta dietro."

"Le cause ultime sono talvolta molto difficili da comprendere."

"Se non sbaglio, il signor Bettancort è stato assassinato perché sapeva troppo."

"Perché parlava troppo."

"Lui vi ha facilitato il controllo del *María Asunción*. A proposito, che ne è stato dell'equipaggio originario?"

"Tarderanno a venire a galla."

"Non scherzate proprio voi."

"È un'operazione multinazionale, capisce."

"Capisco. E il socio di Bettancort?"

"In cielo. Aveva ancora degli scrupoli fuori dal tempo. Non si può fare marcia indietro."

"E la signora Bettancort?"

"Lei sa quel che può averle detto quella linguaccia di suo marito. Ma le servirà a ben poco. Abbiamo tutti i dati di cui avevamo bisogno. Non c'è che da cancellare le tracce e sparire."

"E perché mi raccontate tutto?"

"Una piccola soddisfazione. Il gusto di far apprezzare i colpi da maestro."

"E intendete andarvene così, sotto il mio naso?"

Il sorriso di Carvalho di nuovo è sostituito da una smorfia di dolore. Ormai a terra, crede di udire una violenta esplosione e un viavai di persone che si muovono di gran fretta. Si sveglia ed esce barcollando dalla casa. Una fumata, ormai una nube galleggiante sul mare all'altezza della caletta di sbarco. Carvalho cammina ossessivamente nel bosco, cerca sentieri che finiscono su scogliere, finalmente ne trova uno e raggiunge la caletta. Il *María Asunción* è scomparso sotto la nube bianca che si allontana. Ma le ondate portano, avanti e indietro, resti del naufragio. Carvalho entra in mare, raccoglie pezzi di legno, non sembra ancora padrone dei suoi atti, e infine sceglie di tenersi una tavola su cui appare una scritta. "*María Asunción*." Tutto quel che rimane di una nave colata definitivamente a picco.

"Signor presidente, anche se la notizia è di per sé luttuosa, non nascondo una qualche soddisfazione, con tutte le riserve richieste dal caso, a ritenere definitivamente chiusa la faccenda del *María Asunción*. Sono apparsi resti del naufragio che eliminano ogni possibilità di speculazione, pur permanendo alcuni punti oscuri che la polizia con il tempo, si ricordi la mia teoria sull'opera ben fatta, riuscirà a decifrare."

"A quali punti oscuri si riferisce?"

"Alla morte degli armatori del *María Asunción*. Uno di loro assassinato e l'altro precipitato da una scogliera nei pressi della costa dove sono stati rinvenuti i resti."

"Ci sono spiegazioni razionali?"

"Tutte quelle necessarie. La vittima dell'omicidio era un uomo dalla vita poco chiara e la famiglia collabora a insabbiare la faccenda perché non ha interesse a gonfiare lo scandalo. Quanto all'altro, tutto indica che si sia trattato di un incidente, logico nell'atmosfera di preoccupazioni vissuta in seguito alla scomparsa della nave e al brutale assassinio del socio."

"Caso chiuso?"

"Possiamo darlo per chiuso."

Il ministro dell'Economia aveva alzato la mano e quello degli Esteri aveva chiuso gli occhi. Maledetto. Chiudi quella boccaccia pedante e insopportabile. Ma non lo fece.

"Credo di sapere dell'esistenza di un rapporto discordante presentato dall'associazione dei pescatori ed elaborato a partire da un'indagine privata."

"Mi scusi, signor presidente, ma le cose non stanno esattamente così. Il rapporto è stato fatto da parte dell'associazione e lo ha elaborato un detective privato da quattro soldi, con più letteratura e cinema che conoscenza della realtà. In ogni caso ce lo teniamo, e la polizia lo sta studiando nel caso che..."

"Non perdiamo altro tempo. Un peschereccio affondato non può paralizzare un'intera flotta di temi e di problemi."

Della stessa opinione era il giudice istruttore che sottoponeva Carvalho a quello che poteva essere l'ultimo interrogatorio.

"Deve capire che non possiamo passare la vita a correre dietro a un mistero, e la spiegazione che lei fornisce è rocambolesca. Abbiamo ispezionato l'isola palmo a palmo e non sono apparsi quei giapponesi di troppo che lei dice di aver visto. Quanto ai nordici di cui parla, i coniugi Larsen sono indignati dalle sue insinuazioni. Sono dei ricchissimi armatori svedesi, figli di quattro o cinque generazioni di armatori e non hanno alcun bisogno di dedicarsi alla pirateria. Secondo gli esperti, il *María Asunción* è saltato in aria per via dell'esplosione di una caldaia. È stato pagato per il suo rapporto?"

"Sì."

"Allora, tutti soddisfatti, se così si può dire, tenuto conto della disgrazia. I parenti potranno incassare i soldi dell'assicurazione, per esempio. Non vedo il bisogno di verificare tutto, anche se non chiudo il caso e mi tengo il suo rapporto, per ogni evenienza."

"Lei mi sa spiegare la mia capacità di affabulazione? Perché mai mi sarei inventato tutta questa storia?"

"Il suo rapporto è un fatto. Io non giudico le intenzioni. Ma tutto quello che le ho detto corrisponde a sua volta a dei fatti."

Il negozio di Natalia continuava a essere chiuso. Aveva messo giù dalla macchina soltanto una gamba e sporto metà del corpo per constatarlo. Dopodiché i due ragazzoni l'avevano accompagnato all'aeroporto in silenzio. C'era un fondo di rimprovero nel loro silenzio. Appartenevano alla generazione degli hamburger, odiavano le complicazioni e Carvalho aveva complicato i colori del loro oceano.

Un capraio con le sue capre che tiene in mano una borraccia grande quanto la sete che tiene in bocca. L'orizzonte è una vecchia casa sulla scogliera con un pozzo in primo piano; sullo sfondo il mare d'inverno, nuvolo, appena un vetro opaco che ha perso la trasparenza, i chiarori dell'estate. Il capraio lancia il secchio contro lo specchio nero delle acque del pozzo e lo tira su carico. Guarda a destra e a sinistra per accertarsi che non ci siano testimoni di quel che sta per fare e, poiché non ce ne sono, immerge la bocca direttamente nell'acqua del secchio e beve con avidità. Poi vi immerge la borraccia e aspetta che si riempia. Con la borraccia in mano vaga intorno alla casa, ma a un tratto si blocca e alza in aria il naso esagerato nel tentativo di succhiarla tutta. Dalla faccia schifata l'aria non sembra piacergli. Verifica più volte che l'aria non gli piace e cerca per terra nel caso ci fosse un animale morto a causare una puzza tanto strana. La ricerca lo conduce davanti alle porte della vecchia casa, apparentemente abbandonata, ma chiusa. Il capraio esita, non sapendo se tornare dalle sue capre e lasciare all'aria la responsabilità del fetore, o proseguire la ricerca. Infine grida:

"Ave Maria Purissima!".
E bussa alla porta.
"C'è qualcuno in casa?"
E bussa di nuovo.
Con il naso arricciato, il capraio cerca di aprire, ci riesce e, nel momento in cui la porta si spalanca, la puzza lo assale e lo costringe a cercare in tasca un fazzoletto che adopera come maschera antigas. Non deve cercare a lungo il capraio, nella vecchia casa squinternata. In cucina, accanto al focolare, due corpi senza vita, un uomo e una donna, nudi, insanguinati, mutilati, in una scenografia di candelabri, damaschi viola, e sui muri simboli tracciati col carbone o col sangue che ricordano un arcaico indalo* iberico e una frase terribile scritta col sangue:

Non farete né la guerra né l'amore.

Gesù. Gesù. Gesù. Ha continuato a dire il capraio con gli occhi e con la bocca, e nell'avvicinarsi ai cadaveri si accorge del sangue coagulato, delle carni putrefatte e un conato di vomito gli sale dal fondo dello stomaco, o dell'anima. E deve correre in cerca di uno spazio libero per svuotarsi di ciò che ha nello stomaco, o nell'anima.

"Queste terre vennero colonizzate inizialmente dai madrileni nel xx secolo dopo Cristo."
A parlare è stata una donna bionda, quasi quarantenne, appetitosa o appetibile, a seconda dei gusti, vestita da artista danarosa disposta a risiedere

* Figura umana tracciata schematicamente sui focolari per scacciare gli spiriti maligni.

tutto l'anno accanto al mare. Contempla una parte della costa con godimento, come se la nutrisse.

"Gli americani e gli inglesi hanno scoperto la Costa Azzurra negli anni venti, nello stesso periodo i barcellonesi hanno cominciato a prendere possesso della Costa Brava e più tardi noi madrileni ci siamo via via impossessati di questa. Le piace?"

L'interlocutore è Carvalho, con un giaccone da commando e una certa indifferenza in punta d'occhi.

"Il mare è sporco."

"No. Non è la parola giusta. Mi ricorda un verso di Carlos Barral* sul mare d'inverno... 'Di quando il mare è un cristallo opaco.' Ma qui l'inverno è breve. C'è un, come si chiama?, un microclima, molto mite. L'inverno è breve. Peccato."

"Peccato?"

"Sì, perché le brutte giornate invernali, che non sono molte, vengono compensate dal piacere della solitudine. In inverno restiamo qui in quattro gatti, gli apolidi li chiamo io, ed è una delizia: senza gente, senza bambini con secchiello e paletta..."

"I bambini d'oggi vanno ancora in spiaggia con secchiello e paletta?"

"Ancora, mio caro, ancora."

C'è una certa energia gestuale nella donna quando impone di tornare verso la macchina. Energia gestuale che Carvalho tradisce restando a guardare il mare per qualche istante mentre ascolta le indicazioni della donna che ha già aperto la portiera dell'auto.

"Andiamo? Il comitato di salute pubblica ci sta senz'altro aspettando."

* Carlos Barral (1928-1989): scrittore ed editore catalano, autore di memoriali, libri di poesia e testi giornalistici in castigliano.

Carvalho si rassegna ed entra in macchina. Esamina e viene esaminato.

"Hanno tutti una gran voglia di conoscerla. Qui accadono poche cose e dedichiamo molte ore alla lettura di romanzi polizieschi. A volte penso che l'abbiano assunta più per vivere un'avventura letteraria che per decifrare un enigma."

"Brutta faccenda. I romanzi polizieschi non hanno nulla a che vedere con la realtà criminale. Tutto ciò che è letterario si basa sull'esagerazione del reale. Le cose che accadono hanno poco interesse e gli scrittori le ingigantiscono per allargare artificialmente i confini dell'immaginario. È come chi compra il doppio del tessuto necessario per farsi un abito e poi l'adopera tutto. L'abito gli sta sempre troppo grande."

"È quasi una teoria letteraria. Ha mai fatto della critica?"

"A quale critica si riferisce?"

"A quella letteraria."

"Non critico quasi nessuno, nemmeno me stesso. Quanto alla critica letteraria, non la frequento da tempo. I critici sono ancora più parassiti degli stessi scrittori. A un lavoro improduttivo aggiungono una riflessione improduttiva."

"Lei ne sa più di quanto non sembri."

"Ho seguito un corso di radiotecnico per corrispondenza e lei non sa quanto sia formativo."

Carvalho pensava: è una gran fica. Ma disse:

"Lei presiede il comitato di salute pubblica che mi ha ingaggiato?".

"No. Io non presiedo nulla. Io sono la PR."

Un *living* da famiglia benestante, sistemato da un architetto amico e pertanto comprensivo nei confronti di un programma di vita per intellettuali con molti libri e bisognosi di spazio per conversare e bere whisky con ghiaccio mentre dai finestroni si contempla la pineta, il mare, la luna piena, tra volumi bianchi di architettura mediterranea. Quattro o cinque coppie vicine di età, sebbene qualcuna rasenti i limiti della vecchiaia e qualcun'altra quelli della prima gioventù. Li unisce il travestimento da intellettuali progressisti fuggiti dalla schiavitù dell'orario fisso, con il lindore dell'abbigliamento sportivo invernale quasi casual e la pesante chiarezza nella parlata da benpensanti. È un uomo calvo a dare il la, con quella tendenza alla leadership verbale propria dei calvi sinceri.

"Non so se Dora le ha spiegato."

Dora, l'accompagnatrice di Carvalho, annuisce e prende la parola.

"Certo che gliel'ho spiegato. Perché mai questo signore sarebbe venuto fin qui da Barcellona se non gli avessi spiegato di che si tratta?"

Il calvo si schiarisce la voce contrariato.

"Mi riferivo ai dettagli della faccenda."

"Secondo te, che cos'è un dettaglio?"

"Dora, non ho voglia di discutere su questioni linguistiche."

Il calvo, seccato, si rivolge a Carvalho.

"Insomma, lei sa già di che si tratta, no?"

"No. Mi pare si tratti precisamente di questo, sapere di che cosa si tratta."

Dora non si rassegna a perdere la parola e prende l'iniziativa.

"Vale la pena che esponga in pubblico quello che ho spiegato al signor Carvalho in modo che tutti insieme vediamo se manca qualcosa."

Il calvo interrompe con un sorriso beffardo.

"Quando dici *in pubblico*, intendi dire che lo esporrai in un teatro?"

"Diamine, Carlos. Oggi sei insopportabile."

"Tu invece lo sei sempre."

"Signor Carvalho, forse avrà notato che quest'uomo è mio marito."

"È evidente."

Dora sospira con rassegnazione e comincia il racconto.

"I due ragazzi, Pablo e Virginia, si erano stabiliti qui da più di un anno e mezzo. Quando arrivarono fecero sensazione nella colonia invernale. La colonia invernale è quella che lei vede qui riunita, oltre a qualche coppia di vecchi coniugi, belgi o olandesi, che frequentiamo poco."

"Perché fecero sensazione?"

Ride il più veterano dei presenti.

"Perché erano insultantemente giovani e insultantemente belli."

Dora è mortificata dalle interruzioni.

"Continuo o non continuo? Bene. Forse fecero sensazione anche perché vestivano all'orientale, con molte cose indiane. Dicevano di aver viaggiato molto in Asia e di aver vissuto per lunghi periodi in Nepal e a Goa."

La narrazione di Dora sembra prendere vita e i presenti rammentano una riunione dello stesso gruppo nella casa del delitto, intorno ai due giovani belli e placidi che mostrano loro souvenir dall'Oriente. Dora è come una voce fuori campo in una scena a cui tutti credono di assistere.

"Erano giovani e dolci e nuovi. Soprattutto nuovi. Adoriamo la gente nuova."

Pablo sta seduto accovacciato alla maniera indiana e accanto a lui Virginia si sistema la capigliatura aggrovigliata. Indossano tuniche orientali e si rivolgono a un ampio pubblico che li contempla più di quanto non li ascolti.

"A Goa bisogna proprio viverci. Non è come altre città asiatiche, con interessi artistici, culturali o sociali. Goa è un angolo del mondo, un *cul-de-sac* dove termina, marcisce, muore la colonizzazione portoghese, come la foresta che copre e si riprende i monumenti."

Qualcuno tra il pubblico domanda:

"Qual è la religione dominante? L'induismo? Il buddismo?".

Pablo sorride. Virginia sorride. Ma è Pablo a rispondere.

"Il mito della religiosità asiatica dev'essere sostituito dal fascino per le radioline e dall'accumulo di denaro o dalla semplice sopravvivenza. Il mondo intero si divide in due: quelli che mangiano e quelli che non mangiano, quelli che vincono e quelli che perdono."

"Era bellissimo sentirlo parlare, perché era un prete moderno. Un sacerdote, secondo lui, della setta dell'Amore Totale."

Conclude Dora e sul viso di Carlos c'è un sorriso ironico.

Carvalho contempla il ritratto del re di Spagna appeso alla parete in fondo. È rilassato, seduto su una vecchia sedia da ufficio, quando nella stanza entra un sergente della Guardia civile con una cartella a legacci sotto il braccio. Il sergente baffuto, convenzionale, parsimonioso, apre la cartella con una lentezza secolare e inforca un paio di occhiali per esaminare le carte.

"Ecco qui il *caso degli hippy*. Così li ha chiamati

la stampa, ma in questo dossier figura come 'Assassinio dei coniugi Aguinaldo'. Il loro nome era questo."

"Erano sposati."

"Sissignore. E in chiesa."

"E il caso è chiuso?"

Il sergente guarda critico Carvalho da sopra gli occhiali.

"Qui non si chiude un caso che non è stato risolto. Per il momento si presenta come un delitto di una qualche religione, vale a dire come un omicidio rituale. Secondo i dati, questa coppia apparteneva a una setta chiamata L'Amore Totale. A capo della setta c'è un italiano che vive tra Altea e Calpe, ma curiosamente nei giorni del delitto non si trovava in Spagna."

"La setta ha molti seguaci?"

"Be', alcuni, sissignore. Io non so che cosa stia succedendo, ma in un mondo come quello d'oggi, dove non si rispetta più nulla, ci sono più religioni che mai."

"La pittrice, suo marito...?"

"No. Loro sono tutt'altra cosa. Gente, direi, che se ne sbatte di tutto. Non credono in nulla. Loro, basta che gli si lasci prendere il sole tutti nudi e sono felici e contenti. Vivono qui da anni. Non so di che cosa vivono, ma vivono."

"Sono stati loro ad affidarmi il caso."

"Le spiego. Io ho avuto istruzioni di dirle quello che posso dirle e di non dirle quello che non posso."

"La ringrazio. Suppongo che abbiate interrogato i membri della setta."

"Suppone benissimo. Ci abbiamo pensato subito. Io per primo, e poi gli ispettori venuti da Valencia e da Madrid. Abbiamo acciuffato un amico di Paolo l'Hippy, un polacco mezzo matto che quando si flippa diventa pericoloso. Ma poi lo abbiamo rilasciato."

"Droga?"

"Tutta quella che riescono a trovare. Di quella leggera, dicono. Se fosse per me, altro che droga leggera. Io li metterei a costruire autostrade."

"Dove posso trovare quelli della setta?"

"Vada in paese, e sul lungomare tutte le bancarelle di cianfrusaglie sono loro."

"Paolo l'Hippy?"

"Quello lì, quando non è in discoteca, è in qualche spiaggia a predicare. È una chiesa all'aria aperta. Nel mondo c'è posto per tutti, a quelli, se gli dai un dito, ti prendono il braccio. Questi hippy nascondono la sovversione sotto un'apparenza da gatte morte."

"Gli hippy sono ormai scomparsi da quasi tutto il mondo."

"Ma non dalla Spagna. Non si dice che siamo un paese in ritardo? Ebbene, lo siamo anche in questo. Io li metterei a costruire autostrade."

Il sergente credeva nell'investimento pubblico ed era pronto a spingere l'economia spagnola costruendo autostrade. Fu questa la riflessione di Carvalho, ma il sott'ufficiale non la capì o non la volle capire. Per lui Carvalho era come un rumore che disturbava un normale processo di indagine, rumori assimilati di macchine per scrivere, domande rituali, perspicacie acquisite che traevano beneficio dall'assenza di testimoni o critici esigenti. Al sergente infastidiva dover agire diversamente per colpa di quell'intruso e lo teneva a distanza.

"Non perda tempo. Queste cose richiedono tempo. Due anni fa ci fu una tedesca scannata sulla spiaggia. Qui pullulava di giornalisti e perditempo che più che aiutare ci hanno messo i bastoni tra le ruote. Poi, quando la storia cominciò a non fare più notizia, si stancarono e sette giorni dopo non c'era più nessuno. Restava la Guardia civile. La Guardia civile resta sempre."

"E siete riusciti a scoprire il colpevole?"

"Sì. Ma non è servito a un bel niente. Ha preso il largo e per ora non lo abbiamo agguantato. È questione di tempo. Qui, di mare e di tempo ce n'è anche troppo."

Paolo l'Hippy erudisce il suo gregge. È un uomo alto con capelli lunghi e barba nera e una tunica color zafferano che gli arriva fino ai piedi scalzi. Le onde vengono a morire sulla sabbia come se rinunciassero a lambirgli i piedi. Davanti a lui, quindici o venti ragazzi e ragazze ascoltano il Verbo.

"La malvagità non esiste. Esiste la paura che gli altri siano malvagi. Nemmeno la bontà esiste. Esiste la paura di non essere buoni. Non c'è amore nell'essere buoni o cattivi come ci è stato insegnato. L'amore totale è la rinuncia alla morale convenzionale, ed essere nella morale vuol dire essere nell'amore, senza aspettarsi premi o castighi. Disponibile all'altro, a se stessi, al prossimo, in attesa della rivelazione, di quell'istante in cui Dio si impossessa degli uomini attraverso l'orgasmo della lucidità totale."

Una ragazzina si alza e domanda con voce tremula:

"Come si può essere felici?".

"Che cosa desideri?"

"Essere come il mare."

“Entra nel mare.”

La ragazzina si volta e si dirige all’incontro con il mare. Raggiunge l’acqua, si addentra. Non sembra sentire il morso del freddo e avanza fin quando l’acqua le arriva alla vita, alle spalle, la copre. Tra i presenti ci sono sguardi diffidenti, fiduciosi, allarmati, solo Paolo l’Hippy non guarda. Ha gli occhi chiusi e le braccia incrociate sul petto. L’inquietudine cresce. Qualcuno accenna ad alzarsi per correre in aiuto alla scomparsa, ma quando questo accade gli occhi di Paolo si aprono, fieri, e con un braccio ferma il ragazzo inquieto.

“Non disporre del destino altrui.”

“Sta annegando!”

“Sei tu che anneghi. Guarda.”

E gli sguardi vedono la ragazzina emergere dalle acque, camminare di nuovo verso la spiaggia e arrivare con un’espressione annacquata di beatitudine, anche se trema sotto la tunica inzuppata. Un’altra ragazza, a quanto pare un’assistente di Paolo l’Hippy, l’avvolge in una coperta mentre la bagnante liturgica non perde il sorriso beatificato, pur tremando intirizzita.

Il gruppo cade in meditazione, come lo stesso Paolo l’Hippy. A un tratto il predicatore abbandona la concentrazione e si incammina lentamente sulla sabbia. Lo fa solo per qualche attimo, fin quando avverte la presenza di qualcuno al suo fianco.

“Non ti è ancora annegato nessuno?”

Paolo l’Hippy alza un sopracciglio con un’espressione di furia nel viso che gli si congela appena capisce che a parlare è Carvalho. Carvalho prosegue nel parsimonioso avanzare sulla sabbia nonostante l’altro si sia fermato, quasi si aspettasse di essere seguito. Cosa che Paolo l’Hippy fa.

"Noi ci conosciamo?"
"Evidente. Non do mai del tu agli sconosciuti."
"Non mi ricordo di lei."
"Io di te mi ricordo benissimo. Eri uno dei protagonisti delle notti barcellonesi alla fine degli anni sessanta."
Paolo l'Hippy cammina accanto a Carvalho, guarda indietro, verso il gruppo immobilizzato in trance sulla sabbia, guarda di nuovo Carvalho e un sorriso si impone sul viso severo fino a trasformarsi in franca risata.
"L'ultima cosa che mi sarei aspettato, trovarti qui!"
Carvalho ora sorride.
"Sei uno sfaticato. Che modo di guadagnarti da vivere!"
"Tu non mi capisci, Pepe. Non mi hai mai capito. Mi guadagno da vivere ma aiuto la gente. La gente ha bisogno di credere in qualcosa."
"Come Irma? Anche Irma aveva bisogno di credere in qualcosa?"
Paolo l'Hippy abbassa gli occhi.
"Fu un errore."
"Fu un delitto perfetto."
Nonostante quel che Carvalho va dicendo, il sorriso non si cancella dal viso del detective.
"Sei come l'accalappiacani. Raccatti cani smarriti senza collare per ammazzarli."
"È il tuo punto di vista. Che cosa fai da queste parti?"
"Pablo e Virginia."
"È una tragedia romantica."
"È un duplice omicidio."
"Anche."

Una vecchia casa di pescatori decorata con eccellente gusto monacale. Paolo allunga un vassoio a Carvalho.

"Che cos'è questa porcheria?"

"Cibi naturali. Latte appena munto, datteri..."

"Ne faccio a meno. Sono a dieta."

Paolo si stringe nelle spalle. Si siede alla maniera orientale e mangia dal suo vassoio. Carvalho è sdraiato a terra su dei cuscini, ma sta scomodo.

"Non c'è una sedia in questa casa?"

"No. La sedia è un ordigno antinaturale. Va contro l'anatomia dell'uomo."

"Voialtri vi sedete come se fossimo venuti a questo mondo per cagare."

Carvalho scruta Paolo soppesandolo, e Paolo gli sorride.

"Paolo l'Hippy, senti un po' che nome d'arte! Pedro Ertox Corominas, laureato in scienze economiche..."

"Dottorato."

"Dottorato in scienze economiche, figlio di fabbricanti di impermeabili in *gabardine*, meglio noto nelle cerchie progressiste di Barcellona come Gabardinetti..."

"Il soprannome me l'hai dato tu quando eravamo nel partito e io ti stavo antipatico perché sembravo un figlio di papà."

"Comunista dogmatico, poi liberale dogmatico, macrobiotico dogmatico, buddista dogmatico... e ora?"

"Sopravvissuto. Sono solo un sopravvissuto."

"Quando mi hanno parlato di Paolo l'Hippy ho avuto il presentimento che si trattasse di te. Ti eri già fatto chiamare così a Barcellona nei tuoi ultimi anni di regno."

Paolo continua a sorridere e finisce il pranzo proprio mentre entrano nella stanza tre ragazze con tuniche uguali alla sua.

"Cheope, Chefrem, Micerino... Pepe Carvalho."

"Chi gli ha messo nomi da piramide?"

Le ragazze sono sconcertate dalla domanda di Carvalho. Paolo le tranquillizza.

"Non preoccupatevi. È un uomo bianco."

Le ragazze rimangono in attesa di indicazioni.

"Sorelle. La luna è già uscita. Meditate mentre io finisco di parlare con l'uomo bianco."

Le ragazze escono sul terrazzo. Carvalho si è alzato.

"Il tuo harem?"

"Le mie discepole. Mi sono state affidate dai loro genitori perché le allontanassi dalla droga pesante. Eroina. Si facevano a tutto spiano. Adesso credono in me e nell'amore."

"Perché mi hai chiamato uomo bianco?"

"È così che chiamiamo gli infedeli. Gli infedeli ostinati che si rifiutano di vedere la verità."

"Pedro..."

"Paolo..."

"Sei sfacciato."

"Sono un sopravvissuto e un redentore di anime cadute. Se non fosse per me quelle ragazze sarebbero a battere in mezzo alla strada per potersi bucare e avrebbero trasformato la vita dei loro famigliari in un inferno e distrutto il matrimonio dei genitori. Io sono come un medico che le tiene ricoverate in questo angolo di mondo e le rifornisce di fantasie, speranze, della suggestione di un'altra realtà. La loro droga sono io. Una droga leggera, leggerissima."

Parlava di quanto aveva intorno come se fosse

inaccessibile al dramma, e Carvalho aveva tuttavia presenti le immagini dei corpi mutilati di Pablo e Virginia al di sopra di quel film buonista e redentore che gli veniva descritto. La comicità è una categoria inesistente, qualcuno gli aveva detto in un'occasione, o forse lo aveva letto. Non c'è nulla su questa terra che non sia drammatico in prima istanza e tragico in ultima. Il riso è sempre il camuffamento di un teschio, e davanti alla situazione idilliaca dipinta da Paolo c'erano innanzitutto i visi dei ragazzi assassinati e poi il teschio della morte.

"Ma in questo paradiso la morte esiste. La tedesca scannata due anni fa... adesso Pablo e Virginia."

"La natura imita l'arte."

"A cosa ti riferisci?"

"Pablo e Virginia è quasi il titolo di un romanzo d'amore."

"Le tue ragazze non mi interessano. Loro sono vive. Parlami di Pablo e Virginia."

"Dimenticavo che sei un detective privato. A voialtri, come alla polizia, interessano soltanto i ladri o gli assassini."

"Non esagerare. Di solito indaghiamo soltanto a proposito di idiozie interpretate da idioti per incarico di qualche imbecille."

"Sei tu, il sopravvissuto. Ti parlerò dei due cadaveri. Ma prima lasciameli evocare mentalmente."

E chiuse gli occhi e la bocca.

"Quando arrivarono Pablo e Virginia, seppi subito che avremmo potuto capirci. Avevano seguito un percorso simile al mio e addirittura ci eravamo già visti ad Angkor. Conosci Angkor?"

"No."

"Quando si poteva ancora visitare la Cambogia,

era una tappa obbligata di pellegrinaggio archeologico. Pablo e Virginia avevano il marchio dei ragazzi di buona famiglia. Li distinguo subito perché sono come me. Loro appartenevano alla sfornata controculturale madrilena. Così come a Barcellona in genere erano figli di commercianti benestanti, a Madrid di solito erano i rampolli di fabbricanti di salami tipici, per esempio, o di biscotti, con molto denaro. Era la classica coppia che aveva paura di diventare come i loro genitori e cercava di inventarsi la realtà ogni giorno. Quando ci incontrammo qui, io mi ero già inventato la setta dell'Amore Totale e loro entrarono a farne parte molto distintamente, vale a dire con sfottò ma senza sfottò. Capisci?"

"Entrarono nel gioco."

"Proprio così."

"Per spassarsela?"

"Per sentirsi in compagnia."

"E gli altri? La pittrice, suo marito..."

"Ah, be'! Di fondo quelli sono uomini bianchi che vogliono passare l'intera vita in vacanza, come i personaggi di Scott Fitzgerald."

"Non credono in te."

"Credono soltanto allo stomaco e a quello che temono. Non sono meno puritani dei miei genitori, ma devono nasconderlo anche a se stessi. A Madrid hanno dei negozi di antiquariato che rendono bene senza che sia necessaria la loro presenza o sono architetti di grattacieli e ne hanno già costruiti abbastanza per vivere di rendita o scrittori che si vendono un po' alla volta la mezza provincia ereditata dal papà latifondista fascista e vivono cercando di dimenticare le proprie origini."

"Non ti sono simpatici."

"Nemmeno antipatici."
"E tu, che cosa sei per loro?"
"Sono il frutto proibito. Se mi addentano fanno qualcosa che non va. Ma mi rispettano e i più coraggiosi talvolta giocano."
Carvalho indica il vassoio.
"Con i datteri?"
"Non gli farebbe affatto male, perché si pulirebbero dentro. No. Giocano con quello che suppongono io sia o rappresenti."
"Con che cosa?"
"Con la frontiera della razionalità. Con l'ombra della follia."
"Dora."
"Quella passa da un letto all'altro e con chiunque le capiti. È ninfomane."
"Chi ha ucciso Pablo e Virginia?"
"Lo stesso che ha ucciso Kennedy."
E Paolo l'Hippy si lascia cadere sugli ampi cuscini scoppiando a ridere.
"Oswald? Ruby? La Cia? Chi ha ucciso Kennedy, Carvalho? Mi hai fatto l'ultima domanda a cui potevo risponderti e a cui mi interessava risponderti. Non desideravo la loro morte, ma non mi interessa sapere chi li ha uccisi."
Le ragazze tornano seguendo un ritmo che solo loro e Paolo conoscono, una gerarchia del ritorno a casa e di insediamento negli angoli del mondo che Paolo ha costruito appositamente per loro. Una prepara da mangiare. Un'altra si siede in posizione yoga e respira cercando di fare in modo che l'aria le inondi il ventre come se fosse gravida, per poi espellerla come un'intrusa amabilmente invitata a lasciare la casa. La terza ha preso una chitarra e insegue una canzone che conosce solo lei. Paolo apre le braccia come per avvolgerle.

"Ecco qui una perfetta cellula sociale di base senza bisogno di corromperla formando una famiglia. Ognuna di loro ha una vita interessantissima. Luisa, racconta al mio amico la tua vita."

Come una geisha compiacente, Luisa ha abbandonato la posizione yoga per raccontare la sua storia, senza bisogno che l'orchestra le desse l'attacco.

"I miei genitori sono di Gerona e dell'Opus Dei. Hanno molto denaro e volevano che sposassi un capoccia della giunta, uno di Convergència i Unió, il partito di Pujol, che controlla i cacicchi dell'Alto Ampurdán. Sulle prime gli avevo dato retta, ma bastava solo che guardassi il mio futuro marito per deprimermi e ho cominciato con gli spinelli, poi con qualsiasi cosa mi capitasse tra le mani, fino a toccare il fondo. Ho provato ogni genere di terapia ma ci ricadevo sempre, fino a quando sono venuta qui."

Paolo ascolta la storia con soddisfazione e interviene.

"Non solo Luisa è cambiata. Quando vengono i suoi genitori a trovarla, vengono ospitati in questa casa e ogni mattina assistono alle mie sedute fisiche e psichiche di disintossicazione spirituale."

C'è del sarcasmo nello sguardo di Paolo. Un sarcasmo fatto su misura per lo stupore scandalizzato di Carvalho.

Lo ferma la scritta che campeggia ancora sul muro:

Non farete né la guerra né l'amore.

Esce dalla casa del delitto e si affaccia sulla scogliera. La presenza del mare d'inverno sotto le nubi lo fa rabbrividire, come se un freddo profondo salisse dalle onde. Il tintinnio dei sonagli delle capre lo fa voltare e assistere allo spiegamento degli animali tra i cespugli che circondano la casa. Il pastore è lì, in piedi, che lo contempla, scontroso, e appoggia il peso del corpo a un lungo bastone. Carvalho lo saluta con il capo e il pastore alza appena una mano. Ma Carvalho interpreta il gesto come un invito e gli si avvicina.

"Buon pomeriggio."

Il capraio annuisce mentre risponde, ma cerca di sorridere e una bocca con un solo dente si apre come una caverna di silenzio.

"È stato lei a scoprire i corpi."

"Sì."

"Lei come si chiama?"

"Gianchetto."

"È molto famoso su questa costa."

"Dicono che sono una gran brava persona, ma sono un gran figlio di puttana. Dicono che sono un filosofo, ma sono un cretino."

Carvalho dissimula l'inevitabile dose di sconcerto porgendogli un sigaro. Gli occhi del pastore si ingrandiscono e strappa il sigaro dalla mano del detective.

"L'ultimo sigaro me lo sono fumato il giorno del matrimonio di quella buona a nulla di mia sorella con quel calabraghe di mio cognato."

Mentre mette il sigaro nello zaino, il pastore studia Carvalho.

"La sorprendo?"

"Perché negarlo."

"Accade sempre così. La solitudine ci rende sinceri."

Fruga nello zaino e ne estrae una radio.

"Vuole sentire il giornale radio delle due?"

Carvalho lo studia per capire se lo sta prendendo in giro, ma l'uomo si siede per terra e accende l'apparecchio.

"Vediamo se si decidono a fare il golpe."

Si mette ad ascoltare la radio con molta attenzione. Seguono il giornale radio e l'uomo continua invariabilmente a commentare.

"Ma senta un po'. Ma senta un po'. Ma senta un po'."

Interrompe improvvisamente il collegamento.

"Non lo fanno. Non lo faranno mai. Lei è di Alicante?"

"No."

"Ad Alicante c'è della brava gente."

"Aveva avuto qualche rapporto con la coppia che viveva qui?"

"Ogni volta che ci passavo davanti scoreggiavo."

"A quale scopo?"

"Per fargliela capire."

Rimane pensoso e all'improvviso commenta con gravità:

"Lei mi aveva mostrato le tette".

"Chi? Virginia?"

"No. L'altra. Quella che dipinge pastiglie per la tosse."

"La pittrice?"

"L'imbrattatele!"

L'uomo ride della propria battuta e mostrando di nuovo la caverna dentata canta:

La capra punta al monte,
punta al monte la capra.
La capra punta al monte,
punta al monte la capra.

L'uomo osserva Carvalho e sentenzia:
"Tutte le capre mostrano le tette".
Non ottenendo risposta, indaga:
"Le do fastidio?".
"No."
"Certo. Perché lei è di Alicante."
E se ne va soddisfatto.

Dora sta dipingendo in una piccola cala piena di ciottoli. È bardata come una pittrice della spiaggia di Malibu, tanto prossima a Los Angeles quanto all'infinito. Carvalho le si avvicina alle spalle e vede il quadro, una congiunzione di rombi di colori differenti.

"Al lavoro?"
La pittrice sussulta e si volta bruscamente.
"Lei? Che spavento."
Carvalho esamina il quadro.
"Le piace?"
"I miei gusti sono molto conservatori. L'ultimo quadro che mi ha detto qualcosa è stato *La Vicaria* di Fortuny."*
"Roba preistorica, mio caro, degna delle grotte di Altamira."
La pittrice lo guarda dall'alto in basso e Carvalho sostiene il suo sguardo. Poi la guarda allo stesso modo.
"Come vanno le indagini?"
"Non ho scoperto niente. Quelli della setta mi paiono inoffensivi. Sembrano un gruppo di venditori di contenitori ermetici."
"Allora?"

* Mariano Fortuny (1838-1874): pittore catalano, noto per la luminosità e il preziosismo dettaglistico delle sue tele.

"Potrebbe trattarsi di qualsiasi cosa. Un regolamento di conti, per esempio. La coppia era sopravvissuta in modi assai diversi. Aveva smerciato roba durante i viaggi di andata e ritorno dall'Oriente. Potevano essere piccoli spacciatori."

"E allora la scritta 'Non farete né la guerra né l'amore'?"

"Letteratura. Per depistare. Perché credessimo a un omicidio rituale."

Dora raccoglie gli utensili.

"Finito, per oggi?"

"Finito."

Quando ha finito di raccogliere le sue cose, Dora inizia a spogliarsi e resta nuda davanti a Carvalho. Poi comincia a camminare verso il mare. Carvalho le grida:

"Siamo in novembre!".

"Lo so!" risponde lei prima di tuffarsi rapida.

Avanza a vigorose bracciate e compie un mezzo giro per la nuotata di ritorno. Esce dall'acqua di corsa e cerca l'asciugamano buttato sulla sabbia. Lo adopera per coprirsi parzialmente.

Si tampona i capelli, agita la carne con energiche strofinate che le arrossano la pelle. Poi si avvicina a Carvalho semiavvolta nell'asciugamano e lo guarda con un sorriso di sfida.

"Le piacerebbe asciugarmi la schiena?"

"La mia specialità è asciugare le donne davanti, non dietro."

Lei fa qualche passo verso di lui.

"È un bravo specialista?"

"Uno dei migliori."

"Vorrei constatarlo."

Carvalho si guarda intorno.

La donna alza lo sguardo, come per risalire la

scogliera, e localizza in lontananza la casa del delitto sospesa sull'altura.

"Le piacciono le case che hanno una storia?"

La salita lungo il sentiero scosceso che collega la spiaggia alla cima della scogliera ricorda a Carvalho di essere quasi arrivato in quella che i sociologi definiscono terza età. A ogni frustata di stanchezza gli cade un foglio del calendario mentale e la crudezza dei cinquant'anni gli raggela il respiro sincopato. La donna gli è passata davanti e si volta di tanto in tanto promettendogli con il sorriso un premio di mistero e piacere appena raggiunta la cima. Carvalho reprime il presentimento che, quando saranno entrati nella casa, la donna gli mostrerà il suo vero volto, le sue zanne da lupo e lo divorerà. Ma la segue fedelmente fino all'abbraccio, alla nudità, alla sensazione di freddo oltre la saldatura dei due corpi uniti e disuniti nell'andirivieni di illusioni e delusioni dell'amore consumato in uno spazio e in un tempo proibiti. Accetta la veemenza amatoria della donna fino a quando è sazio e irritato dalla continuità dell'ansimare femminile che gli suona di soliloquio. Chiude gli occhi per provare a immaginare di fare l'amore con una donna amata. Poi li apre e si lascia cadere accanto al corpo che stava coprendo. Hanno fatto l'amore davanti al caminetto. Sul muro c'è ancora la scritta:

Non farete né la guerra né l'amore.

Rimangono per qualche minuto a guardare il soffitto, le finestre, la profondità vuota della stanza, senza dire nulla. Lei si agita, cerca i suoi abiti, comincia a vestirsi. Lui fa altrettanto e si avvicina a una finestra socchiusa. La apre del tutto e nella cornice, come se fosse stata fatta apposta per lui, appare il pastore che arretra di un passo, sorpreso ma allo stesso tempo sorridente, mentre contempla Carvalho come se fosse la dimostrazione vivente della sua folle logica.

"È già tornato da Alicante?"

"Sì. Sono già tornato."

"Una volta sono stato ad Alicante e hanno cercato di ingannarmi. Mi hanno detto: questa è Madrid, ma io sapevo che mi stavano ingannando."

Carvalho chiude le imposte e nel voltarsi crede di scoprire una certa apprensione sul viso di Dora.

"Questo tipo ci ha visti. Ti secca?"

"No. Semplicemente, mi irrita. È uno scemo da romanzo inglese dell'Ottocento."

"Non arriverei a tanto. Per me è uno scemo da operetta spagnola."

"Chissà mai perché gli scemi delle operette spagnole li fanno sempre parlare con l'accento aragonese."

Infatti, si disse Carvalho, perché la maggior parte degli scemi delle operette spagnole hanno l'accento aragonese? Gli aragonesi dovrebbero protestare. Ma lei non lo lascia andare avanti a divertirsi con i suoi pensieri. Sta facendo piani a voce alta che giungono come un rumore che gli rende difficile pensare. Piano piano si rende conto di quel che lei sta dicendo. Che cosa può esserci tra di noi? Un incontro animale come tanti? Alla nostra età, insisteva Dora, gli incontri semplicemente animali sono roba da atleti sessuali giapponesi. Se non investi nell'illusione dell'amore, il piacere non basta. Ma tu sei qui di passaggio. Presto te ne andrai e mi lascerai con la sensazione di dipingere sempre lo stesso quadro. Il problema è tuo, pensò Carvalho, ricordando con fastidio il quadro visto in spiaggia e vivendo con indignazione quel tentativo di scrivere a sue spese una sofisticata pagina di letteratura amorosa.

"Ogni volta che fai l'amore, dopo ti metti a recitare il copione di una tesi di laurea?"

Ma lei incassa il sarcasmo come un portiere blocca una di quelle palle che il centravanti gli butta fra le mani.

"Mio caro, è molto tempo che ho superato la falsa vergogna di parlare come un'eroina di Daphne du Maurier. Per anni tutte noi parlavamo o non parlavamo come Monica Vitti nei film di Antonioni, ma ultimamente ho rivisto in televisione *L'eclisse* e Antonioni, la Vitti e l'intera storia dell'incomunicabilità mi sono parsi una stronzata. Adesso preferisco quei film in cui la musica ti preannuncia quel che stai per vedere e i personaggi parlano come nelle commedie inglesi che rimangono per vent'anni in cartellone."

E non taceva la maledetta, ma la pazienza di Carvalho doveva sopportare altre prove ben più dure, come quando lei accese una sigaretta, l'aspirò un paio di volte e gliela porse in un saggio di complicità fisica che a lui parve schifoso e osceno. Rifiutò la sigaretta e grugnì:

"Fumo soltanto sigari".

"Ne terrò conto. Verso sera faremo una paella gigantesca in casa. Ti aspettiamo, e spero di trovare un sigaro in qualche cassetto."

Gli uomini cucinano e le donne chiacchierano o leggono o si servono da bere mentre Carvalho guarda la televisione da un orologio giapponese. Un corpo femminile gli si para davanti. È Dora.

"Le piace?"

"Sorprendente. Puoi verificare al secondo la quantità di tempo persa con la televisione."

"L'ha comprato Carlos in Giappone. Ci siamo andati poco tempo fa approfittando di una retrospettiva della sua opera. Carlos è un architetto molto conosciuto in Giappone."

In quel momento Carlos entra nel *living* di casa sua.

"Chi parla di me?"

"Sua moglie."

"Oh, santo cielo. No."

"Stava parlando in modo molto obiettivo. Diceva che lei è molto conosciuto in Giappone."

"La paella è pronta."

C'è una grande capacità di richiamo nelle sue parole. Gridolini di entusiasmo e civilizzata passione per l'arte di mangiare.

"Non portare i piatti, Dora. La mangeremo alla valenciana," dice una cinquantenne sfacciata.

E il corpo si avventa sulla paella con le forchette in resta. Carlos aspetta, prima di ingoiare il primo boccone di riso, per domandare:

"Buona?".

Suoni gutturali di approvazione e persino una bocca piena e aperta che dice:

"Meravigliooooosa".

"A lei piace?"

C'è un pizzico di aggressività nella domanda di Carlos a Carvalho.

"È quanto di più simile a una paella mi sia capitato di vedere nella vita."

"Chi l'avrebbe mai detto. Il nostro amico si rivela platonico. Questa paella si avvicina alla sua idea di paella."

"Secondo lei, io sono daltonico."

"Platonico. Da Platone," lo informa sollecita un'invitata.

Ma lo sguardo che reciprocamente si sostengono Carlos e Carvalho è di sfida, di violenza repressa nell'architetto e di attesa divertita in Carvalho. Dora irrompe nella scena. Lascia il tovagliolo sul tavolo e infila una mano sotto la camicia del marito, accarezzandogli il petto.

"Ti è venuta benissimo, Carlos. Lo sai che per me la paella è afrodisiaca. Vuoi fare l'amore con me? Qui? Ora?"

Carlos sembra disteso, ma è un'illusione che svanisce appena molla un calcio al tavolo, fa saltare la paella in aria e grida come un ossesso e si contorce.

"Gli è venuto un attacco," grida Dora.

E due uomini si lanciano su Carlos trattenendolo per le braccia, mentre uno cerca di infilargli un tovagliolo in bocca.

"Che non si morda la lingua!"

L'epilettico rovescia i due che lo trattengono e cadono con lui per terra. Carvalho contempla la lotta a distanza, con il corpo attaccato al muro, sente subito la presenza di Dora, la guarda, è sconvolta, guarda con paura e con schifo i contorcimenti del marito e con panico lo stesso Carvalho. Ho il terrore di quello che non capisco, gli confesserà più tardi, mentre Carlos dorme nella stanchezza che segue la crisi. No, non le pareva logico che un uomo tanto formato, tanto misurato e razionale come Carlos portasse in sé quel male oscuro e profondo. Ho il terrore della pazzia e della malattia. Per tutta la vita ho cercato di ignorare la malattia, persino quella dei miei genitori. Quando li vidi decrepiti non volli quasi andarli a trovare. Non era un problema di assistenza, perché se la potevano pagare, ma ogni volta che li vedeva, le poche volte che li vedeva, ne faceva una malattia. Ho orrore della malattia, del dolore, della morte. Se Dora ne provava orrore, gli altri membri della tribù ne erano scalfiti a malapena. Subito dopo che Carlos era stato messo da parte, le conversazioni recuperarono il filo e, di tanto in tanto, con una certa seppur finta svogliatezza, le forchette avevano ripreso a frugare nel riso cercando i bocconi più grossi e appetitosi. Da un momento all'altro qualcuno dirà, pensò Carvalho, che il meglio è il riso bruciacchiato che resta attaccato al fondo della padella. E infatti, un ometto coi capelli gialli e malaticci, un salutare Rolex d'oro al polso e un cucchiaio tenace con il quale cercava l'anima bruciacchiata dell'intruglio, disse:

"Non vi piace il fondo bruciacchiato? È la parte migliore".

"Mi è dispiaciuto che l'altro giorno tu abbia fatto riferimento alla faccenda di Irma. Io non avevo fatto nulla che lei non accettasse, anzi, favorisse. La notte che si buttò dalla finestra fu lei a portare la droga, a organizzare la seduta."

"È stato un colpo basso, scusami."

"Mi è dispiaciuto solo per un po'. Poi ci ho pensato su e ho capito che mi era dispiaciuto meno del previsto. Sono molto contento. È superato."

"A quanto pare, quest'isola richiama tutti gli egoisti e i pazzi," disse Carvalho.

E Paolo trattenne l'istinto di suonare il flauto.

"Me incluso?"

"Te incluso. Viene commesso un omicidio con tutti i requisiti di un omicidio rituale. Vengono profanati i cadaveri con incisioni speciali, gratuite, segno di un desiderio di uccidere con livore. Ma nei pressi c'è soltanto un gruppetto di catechisti ritardati guidati da un avventuriero come te."

"Tante grazie."

"Allora è il caso di pensare ad altre possibilità. Un pastore matto da legare, una ninfomane sposata con un epilettico e una combriccola di fuggitivi dal terrore madrileno che amministrano le rendite della loro libera professione. Un delitto che non quadra."

"Non quadra proprio per niente."

"Giusto. Proprio per niente."

"Per cui è possibile dedurre che hanno voluto depistarci, e va' a sapere da quale fatto del passato nascono questi omicidi. L'Asia è una vetrina della miseria e del pittoresco per i turisti da volo charter. Ma per i trafficanti è un continente duro, e Pablo e Virginia erano stati trafficanti."

"Di droga?"

"Non necessariamente. Mi risulta che in una certa occasione abbiano trafficato in rubini birmani, uno dei traffici più lucrativi di quella zona."

"E questo uccide?"

"Dipende da come lo si fa e contro chi lo si fa. Tutti i mercati criminali sono molto codificati, più codificati degli altri mercati, e chi non rispetta questo codice è perduto."

"Sai qualcosa in concreto o supponi?"

"Suppongo."

Paolo medita e a un tratto gli viene una misteriosa illuminazione.

"C'è un aspetto che ignori."

"Dimmi."

"Non voglio parlare. Voglio che tu veda. Se sei disposto a vedere. Vuoi vedere?"

"Cosa?"
Paolo scoppiò a ridere.
"Vedi? Se tu volessi vedere non faresti domande. Si decide dopo aver visto."
"Bene. Voglio vedere."
"Allora posso fare qualcosa per te. Questa notte ti attende lo stesso destino di Alì Babà, e ti potrà cambiare il senso della vita. Tu arriva in orario, stattene nascosto dove ti dirò io e quando tutto sarà pronto grideremo 'apriti Sesamo' e con grande strepito verrà allo scoperto la caverna dove i ladri custodiscono il tesoro."

Gli mancavano tutti i punti di riferimento abituali: il suo paesaggio di persone, cose e gesti. La stanza della pensione si affacciava sul molo del porticciolo di Jávea, dove l'asta del pesce irradia rimandi invernali dall'alba fino a metà pomeriggio, quando il pesce arriva e i commercianti lo cercano come se fossero i protagonisti di una seconda pesca. Né Biscuter, né Charo, né Bromuro, né Fuster, né il suo ufficio sulle Ramblas, né la sua casa di Vallvidrera, né la sua cucina, né le sue bottiglie di acquavite ghiacciata, la sua acquavitoteca che cresceva in modo direttamente proporzionale al decrescere della sua biblioteca combustibile. Non poteva nemmeno bruciare libri in un caminetto e contemplare la lenta agonia delle parole riarse, nella loro lotta per uscire dalla carta che le mummificava in una stupida promessa di immortalità che il fuoco si prendeva la briga di frustrare. Il giorno della paella in casa di Dora, mentre i legni fiammeggianti aspettavano che si iniziasse a cucinare, dovette trattenersi dallo strappare un libro della biblioteca, un tomo del *Dizionario etimologico della lingua ca-*

stigliana del Corominas. Lo trattenne non tanto il pregiudizio cortese per il fatto che il libro non era suo, e nemmeno il fuoco, né la casa, quanto il timore che il fumo della carta rovinasse il sapore della paella. Ma il tempo della malinconia è scaduto e bisogna andare all'appuntamento con Paolo. Prima potrà chiudere il caso e prima potrà tornare all'appuntamento con se stesso.

Si è fatto buio sulla scogliera. La casa del delitto è una presenza ossessiva, determinante nel paesaggio rivelato dalla luna sulla fascia del mare. Paolo l'Hippy si è buttato a terra, pancia in giù, e scruta col binocolo l'orizzonte. C'è un punto luminoso nel mare che si avvicina alla riva. Il binocolo nelle mani di Paolo va e viene dalla barca alla cala di ciottoli ai piedi delle rocce. A un tratto allunga il binocolo a Carvalho rimasto per terra accanto a lui.

"Adesso guarda tu. Forse la spiegazione è lì."

Carvalho prende il binocolo. Il punto luminoso è un fuoribordo che arriva a poca distanza dalla spiaggia e da cui saltano giù due uomini che tirano la cima per assicurare il natante sui ciottoli. Non sono soli. Sulla spiaggia c'è un gruppo imprecisato che circonda la barca e comincia a ricevere i contenitori che qualcuno gli passa.

"Contrabbando?"

"L'hai detto tu."

"Di cosa?"

"Di tutto. Ma in particolare di sigarette o whisky."

Carvalho riesamina quel che accade sulla spiaggia e sospira, mentre lascia in sospeso il giudizio e misura la distanza dalla casa del delitto.

"Avevano un osservatorio magnifico."

"Qui tutti hanno un osservatorio magnifico, ma

soprattutto loro, Pablo e Virginia. Nessuno poteva prevedere che un giorno sarebbe apparsa una coppia di yuppy disposta ad affittare una casa che era come un palco sullo scenario del contrabbando."

"Yuppy?"

"Non sei aggiornato. È una parola inglese per i vecchi hippy riadattati alla vita degli uomini bianchi, quelli che io e le mie ragazze chiamiamo gli 'uomini bianchi'."

"Ma Pablo e Virginia continuavano a essere quel che erano stati."

"Le apparenze ingannano."

La barca sembrava avere la stiva di un transatlantico, a giudicare dalla quantità di casse che la catena umana trasportava verso il sentiero dove li attendeva un insaziabile furgoncino.

"Se lo sai tu e lo sapevano loro, lo possono sapere tutti. La stessa Guardia civile non ha ragioni di fare la commedia di quelli che ignorano il movente del delitto."

Percepisce la risatina di Paolo, anche se non la vede. L'oscurità trasforma il suo compagno in una strana statua giacente con binocolo incorporato. La sua immobilità e cautela gli fanno capire che non si tratta di un gioco e che l'apparente facilità e gratuità dello spettacolo non sono disgiunte dalla barbarie e dalla morte.

"Ma perché quell'infierire sui cadaveri? Una cosa è eliminare i testimoni e altra è prendersela con i corpi, tutto il rituale attorno al delitto."

"Infatti. È difficile immaginare dei contrabbandieri trasformati in intellettuali che scrivono sui muri slogan della controcultura. Bene. Adesso hai visto. E ora, che si fa?"

"Adesso la responsabilità è mia. Agire o non agire, questo è il problema."

"Esattamente."

Carvalho pensa e infine batte con la mano la spalla del compagno.

"Vattene."

"Perché?"

"Quel che sto per fare può essere pericoloso e non ha niente a che vedere con te. Vattene."

"Non mi piace il pericolo."

Paolo si alza e scompare verso la montagna. Anche Carvalho si alza, ma cerca il sentiero che gli consentirà di raggiungere la spiaggia. Paolo l'Hippy ha uno strano sorriso sulle labbra che gli si raggela quando sente un rumore e si blocca allarmato. Finalmente gli torna il sorriso, e con un gesto rilassato commenta:

"Ah, sei tu".

E non ha nemmeno finito di dirlo che trova appena il tempo di spalancare gli occhi e la bocca per esprimere la sorpresa: la pugnalata gli viene assestata nel cuore mentre Carvalho continua a scendere verso la spiaggia.

Avvicinandosi alla spiaggia cerca di ragionare sulle sue mosse. Mi muovo o vengo mosso? Che cosa otterrò da queste mosse? Un viso, un viso conosciuto o riconoscibile con l'aiuto del suo stesso sguardo o quello di Dora e della sua tribù, in fin dei conti i suoi clienti. Forse la cosa più logica sarebbe andare dal sergente, ma se la Guardia civile ha avuto a disposizione oltre cent'anni di esistenza per non sapere quel che accade in questa spiaggia, che cosa ci ricavo io ora a fare il confidente? Il mio cliente non è la Guardia civile, e spero che non lo sia mai. Nell'ultimo tratto che lo separa dall'inizio della spiaggia, il declivio del terreno si accentua, quasi non è più che roccia consunta e tornita dal passaggio di agili piedi. Non può deviare in cerca del sentiero da cui è sceso perché è lo stesso da cui risalirà il furgoncino, nel caso fosse vigilato o eccessivamente illuminato da imprudenti riflessi della luna. L'unico modo per percorrere gli ultimi metri consiste nel cercare un punto di appoggio per i piedi e da lì prendere lo slancio e saltare sulla sabbia senza far rumore. Si è accovacciato a terra per avvicinare gli occhi alla distanza che deve superare, calcolando lo slancio necessario o la possibilità di raggiungere un terreno che attutisca il rumore della caduta. Ha la pelle eccitata, ma nello stomaco una forgia di calcestruzzo, il peso e la consistenza della paura. D'altra parte, le voci sommesse degli attori gli giungono nitide, lo invitano a unirsi alla commedia, come le voci delle sirene incitano i naviganti a seguirle negli abissi marini. Non sono voci normali, Carvalho ricorda a se stesso. Tra quelle voci ci può essere quella di un assassino. Ma Carvalho non può neanche pensare troppo a lungo. Viene spintonato e per un attimo vede la possibilità del baratro mentre barcolla cercando qualcosa cui attaccarsi. Non è necessario. Una mazzata in testa lo sommerge in acque più profonde di quelle della scogliera, e quando si sveglia gli pare di assistere a una scena di pirati vista in qualche film. È per terra, e in mezzo all'andirivieni del soffitto e al volteggiare della stanza vede un cerchio di uomini mal rasati e mal disposti, alcuni con i berretti, altri con i passamontagna che ne occultano i lineamenti. Una voce rude gli chiede:

"Da dove esci, merluzzo? Che cosa cercavi sulla spiaggia?".

"Vongole."

Una violenta pestata sulle parti basse lo fa urlare di dolore.

"Fagli vedere come si trattano i ficcanaso."

Carvalho si rende conto di essere di nuovo nella casa del delitto e di essere totalmente circondato, ma quando cerca di sollevare la testa continua a girargli. Entra un uomo nella stanza e dialoga con quello che sembra dirigere l'azione. Fa un gesto con il capo che mette in moto altri due. Escono i quattro uomini con una torcia in mano e seguono i passi di quello che li ha avvertiti. La torcia è puntata su un corpo crollato a terra.

"Cazzo! Il profeta!"

Paolo l'Hippy non guarda nessuno, mai più guarderà qualcuno, ma ha gli occhi aperti, il cuore spaccato, la bocca sanguinante.

"Questo non mi piace affatto. Filiamocela, e il più in fretta possibile."

Il capo prende un fischietto dalla tasca e lo suona due volte. Dalla casa cominciano a uscire tutti i guardiani di Carvalho, di buon passo, carichi delle sacche del bottino, e si disperdono nella notte mentre Carvalho è riuscito a mettersi in piedi, avanza verso la porta come se la porta non fosse fissa al suo posto e infine si accascia con gli occhi rovesciati. Lo sveglierà il grido dei gabbiani o forse quel grido sarà la prima manifestazione di vita che gli giungerà all'orecchio, dove ancora risuona l'eco della vibrazione del primo colpo. Ma in cielo non ci sono soltanto gabbiani. A metà strada c'è ancora il volto non rasato, ma neppure barbuto, del capraio.

"Alicante, sei ubriaco? Sei ubriaco, Alicante?"

Sembra il pappagallo di John Silver nell'*Isola del tesoro*, o meglio un corvo parlante, l'unico corvo parlante.

"Se vieni con me, Alicante, ti mostro il relitto di un naufragio."

Vaffanculo, cretino, pensa, mentre con le mani cerca di spremersi dalla testa dolore e pesantezza.

"Se le mie capre potessero parlare mi porterebbero a tutti i relitti dei naufragi che arrivano su queste spiagge. Ma quello di oggi ti piacerà. Vuoi vederlo?"

"Non sono in vena di gite."

"È vicinissimo. Gli hanno spaccato il cuore con una pugnalata."

"Di che cosa parli? Di che naufragio parli?"

"Seguimi."

Esita. Recupera la verticalità e il mondo reale, tutto ciò che gli riesce di percepire come mondo reale comincia a girargli intorno come se si trattasse di ingannarlo a proposito della sua posizione sulla terra. Il capraio avanza con una lentezza piena di riguardi per il seguace vacillante, ma i suoi passi non cessano fin quando non lo lascia accanto al cadavere di Paolo che ha attirato la curiosità dei gabbiani, sorpresi dal richiamo di un paio di occhi azzurri che la morte ha fatto diventare di cristallo opaco, come il mare d'inverno.

Il sergente non è di buon umore. Carvalho lo nota nonostante abbia la testa bendata e si senta legato dalle coperte che lo trattengono nel letto di un ospedale. Il sergente è in compagnia della sua solita cartella da scolaretto e di una diffidenza a quanto pare non meno congenita.

"Ecco. Finalmente si sveglia."

"Chi mi ha ritrovato?"

"La pattuglia. Un giro di routine."

"Se fosse arrivato un quarto d'ora prima, sergente, sarebbe apparso sui giornali e avrebbe avuto la Gran Croce di Isabella la Cattolica."

"Non ho bisogno di croci. Cosa intende dire?"

"Che tutti i contrabbandieri del Mediterraneo si erano radunati da quelle parti."

"Se arrivassimo sempre in tempo, non ci sarebbe più contrabbando."

"Anche questo è vero."

"Sono stati i contrabbandieri a colpirla?"

"Sicuro."

"E chi ha ucciso Paolo?"

Carvalho di primo acchito non capisce la domanda, ma lentamente l'associazione morte-Paolo si riempie di significato.

"Hanno ucciso Paolo? Certo."

"Con una pugnalata a tradimento. E voi due siete stati visti uscire insieme da casa di Paolo all'imbrunire."

"Infatti. È stato Paolo a regalarmi i biglietti in tribuna per lo spettacolo del contrabbando. Poi lui se n'è andato e io ho cercato di raggiungere la spiaggia per vedere chi entrava in gioco."

"Se vuole le do io la lista completa e glieli presento al bar del Carlet. Li abbiamo tutti schedati. Quel che non sappiamo è dove agiranno e con che merce."

"Paolo sì che lo sapeva."

"Il suo amico sapeva troppo. Talvolta uno fa troppo il saccente ma è solo saputello. Come lui, e vede come è finito."

"Allora, è per questo che se ne sono andati."

Carvalho ricorda il brusco fuggi fuggi dei contrabbandieri.

"Se ne sono andati all'improvviso quando qualcuno li ha avvertiti del ritrovamento del cadavere. Ora capisco tutto."

"A chi si riferisce? Di chi parla?"

"Dei contrabbandieri. Mi avevano in mano e a un tratto si sono dileguati."

"Forse è stato perché si avvicinava la coppia della Guardia civile."

"Può darsi. Ma è da questo che dipende la spiegazione dell'assassinio. Se li ha spaventati la scoperta del cadavere, significa che non sono stati loro a uccidere Paolo."

"Questo è certo. Qui i contrabbandieri sono delinquenti, ma non assassini. Le ripeto che si incontrano tutti al bar del Carlet e li conosco da anni."

"Allora, perché Paolo ha insinuato che l'omicidio dei due ragazzi fosse una faccenda legata al contrabbando?"

"Assurdo. Quello dei ragazzi è stato un regolamento di conti religioso o politico, perché da quando si è cominciato con la politica ci si può aspettare di tutto."

"La politica è cominciata migliaia di anni fa."

"Lei sa a cosa mi riferisco. Bene. L'avverto. Lei può essere il prossimo. Ed è qualcuno che sa quello che fa. Una pugnalata da professionista."

"È stato trovato il coltello con cui hanno ucciso Pablo e Virginia?"

"No."

"È stato lo stesso con cui hanno ucciso Paolo, no?"

La Guardia civile esita e si irrita della propria esitazione.

"Ma insomma, sarebbe bello che fossi io a rivelarle il segreto dell'indagine."

Si alza e va verso la porta da cui si volta per raccomandare con la voce e con un dito:

“Appena si rimette, a casa. La smetta di giocare al detective”.

“Approfittando della sua gentilezza, sergente, vorrei farle ancora una domanda.”

L’incavolatura del sergente trasforma il suo tricorno nel coperchio di una pentola a pressione.

“Avanti. Dica.”

“Il capraio. È sempre stato matto?”

“Non sono stato io a partorirlo. A questa domanda potrebbe rispondere soltanto sua madre. È arrivato due o tre anni fa ed era già matto.”

“Lavora per conto suo?”

“Sì. Le capre sono sue.”

“Ha comprato il gregge qui o se l’è portato dietro?”

La Guardia civile ha preso il bollore.

“Ma insomma... Accidenti che domanda...”

Esita. Pensa.

“Non saprei... Si è presentato già con le capre e allora non mi era venuto in mente di chiedergli dove se le era procurate.”

“Dove vive?”

“In una baracca che anticamente era stata non so che cosa. Ma è qui sui monti. Abbastanza vicino alla casa del delitto.”

Carvalho si avvicina a una catapecchia costruita in piena montagna. Il sole è al suo punto più alto e il mare sfolgora da lontano, ma con la pesantezza invernale di un corpo zavorrato. Carvalho batte dei colpi alla porta della catapecchia e nessuno risponde. Gli basta introdurre un dito in un buco per far saltare il chiavistello e trovarsi in una stanza unica con cucina, tavolo rustico e branda. Carvalho perquisisce coscienziosamente la stanza e rimane infine frustrato e allo stesso tempo sorpreso. Mormora a se stesso:

"Non c'è una fotografia. Non un solo ricordo. Come se questo tipo fosse un marziano".

Esce dalla casa e la ispeziona tutt'intorno. Ci sono il pollaio e un piccolo locale rivestito di piastrelle bianche con gli utensili per fare il formaggio e la panna. Carvalho entra nella zona dell'ovile. Un mare di paglia sporca, un abbeveratoio basso ed eroso dal tempo, una finestra che guarda sul mare. Carvalho si affaccia alla finestra e appoggia le mani sul davanzale: sente qualcosa di strano al tatto, le ritira e se le guarda. Sono sporche di fuliggine e il legno dell'imposta sembra bruciacchiato. Non solo il legno dell'imposta. Anche il pavimento dove Carvalho appoggia i piedi. Cerca di pensare ma gli pare di sentire un rumore e si ritira dalla finestra, esce dall'ovile, torna alla casa.

Di nuovo si affaccia alla finestra sul mare e i suoi occhi si rifiutano di accettare la cartolina di mare così come gli viene offerta, come se ricordasse un'altra immagine più succulenta, più piena di sapori e significati. Infatti, Carvalho crede di ricordare che dalla finestra dell'ovile l'orizzonte si dilata e si approfondisce, come se le capre fossero ospiti viziati ai quali si riserva il panorama migliore. E ritorna deciso a cancellarla dalla sua memoria visiva. Ha ragione. Dalla finestra del capraio, il mare è un pretesto. Dalla finestra dell'ovile, il mare è un mondo promesso, pieno di strade, di scie passate e future. Lo affascina lo spettacolo del mare, la tela in cui le correnti disegnano se stesse, apportando le loro ricerche di azzurri ai toni delle diverse profondità e alle trasparenze dei fondi. Si lascia ipnotizzare fino a quando ricolloca volontariamente tra i suoi occhi e le sirene i corpi di Pablo e Virginia, testimonianza di una crudeltà che nega la poetica immobile del paesaggio. La morte ha tolto ogni innocenza alla natura. Proprio in quel momento crede di udire un rumore all'esterno e si affaccia alla porta con preoccupazione, ma l'angolo visivo consentito dalla porta aperta si apre su una spianata di cespugli maltrattati, malnati, che arriva fino alla casa. Apre un po' di più la porta e appare l'esercito di capre, ferme, come in attesa di un ordine di invasione della loro stessa dimora. Esce allo scoperto con la scusa pronta per saziare la curiosità del capraio, ma lui non c'è. Le capre sembrano abbandonate al loro istinto di ritorno a casa. Carvalho chiama ad alta voce, torna di nuovo dentro, scruta orizzonti, vaga per sentieri vicini e finalmente decide di andarsene lasciando le capre pietrificate come una scultura corale. Ma quando sta per iniziare la discesa verso la strada viene fermato dalla statua immobile del capraio con le braccia incrociate e lo sguardo duro di un dio tradito.

"Alicante, Alicante, non andare avante."

"Buon giorno, ho fatto un giretto da queste parti per vedere se aveva del formaggio fresco."

"Formaggio fresco, formaggio fresco? Mangio solo quel che pesco. Ha sentito il giornale radio? Neanche oggi c'è stato il golpe."

"Lo faranno in estate, vedrà."

Il capraio fa spallucce.

"A me questa storia del golpe me l'ammoscia. Io sono un capraio e rimarrò capraio. E lei continuerà a essere di Alicante."

"Se lo dice lei."

Carvalho si porta la mano agli occhi per proteggerli dal sole e il capraio nota le mani sporche di fuliggine.

“Ha le mani sporche.”

Carvalho se le guarda e commenta senza alzare gli occhi:

“Mi sono appoggiato al davanzale della sua finestra per vedere se c’era qualcuno nell’ovile ed era tutto bruciacchiato. Un incendio?”.

“Nulla. Un piccolo falò. Mi è caduta la lampada a petrolio. Non ho l’elettricità.”

Ha abbandonato il fare rimbambito per dare una spiegazione razionale. Carvalho lo saluta con un gesto e gli passa accanto prima di prendere la strada in discesa. Mentre il detective lo supera, il pastore mastica tra i denti:

“Alicante, Alicante, non andare avante”.

Pur essendo un cretino non manifesta un senso poetico naturale. Ma certo, questo accade anche a molti poeti meno cretini e più poeti.

“È assurdo. Abbiamo fatto l’amore due volte e continui a darmi del lei.”

“No. Non è assurdo. È necessario.”

“Anch’io devo darti del lei?”

“Sarebbe meglio.”

“Bene. È lei che comanda. Ha scopato di gusto?”

Ha le tette ben messe e un po’ abbassate da un peso necessario e attraente, come se fossero in attesa di due mani gentili che le sostengano. Metà del suo corpo sporge dalle lenzuola di quella stanza di motel dove sono andati per la variante dell’amore senza la necessità della cornice della casa del delitto. Senza l’eccitazione del macabro, la sera è stata di nuovo fortunata, perché Dora ha la maestria del marinaio avvezzo a ogni genere di mare e sa destare tempeste nel fare passivo di Carvalho, stimolare il desiderio in un corpo troppo attento a un cervello diffidente o memore, perché ogni movimento, prima o poi, porta al fallimento.

"Sta per finire."

"Che cosa vuoi o che cosa vuol dire?"

"Resterò qui ancora per poco. Intuisco che mi sto avvicinando alla conclusione. Sono stati sul punto di farmi fuori. C'è qualcosa di artificiale in questo paesaggio apparentemente tanto naturale. Per cominciare, voi sembrate tutti comparse di un film di salotti e whisky girato su una scogliera. Nemmeno le capre e il capraio mi sembrano naturali. Magari sono capre gonfiabili."

"Forse è meglio che se ne vada," ha detto Dora con un certo sconforto nella voce. Mentre Carvalho beve un sorso da un bicchiere di spumante economico e demi-sec. Un'autentica porcheria.

"Lei è mia cliente."

"No. In realtà, è stata la comunità ad affidarle il caso. Le cinque o sei famiglie che più si frequentano. Volevamo chiudere definitivamente il caso. Sentirci di nuovo rilassati e tranquilli in questo paradiso. Non ce ne siamo andati da Madrid o da dove fosse per vivere nell'angoscia. C'è chi parla già di trasferirsi a Lanzarote, nelle Canarie. Carlos, per esempio. Io non lo seguirò. Ormai sono stufa."

"Siete qui da molti anni?"

"Due o tre. A dire il vero, io non ne ero del tutto convinta. O almeno all'inizio. Ma poi mi sono abituata."

"Siete stati i primi del gruppo di Madrid?"

"Sì."

"Pablo e Virginia sono venuti dopo."

"Sì."

"E Paolo l'Hippy ci stava già da prima."

"Sì. Cosa le interessa sapere?"

Carvalho sospira insoddisfatto.
"Non lo so. A proposito, lei conosceva il polacco arrestato in seguito all'omicidio della coppia?"
"Era uno del gruppo di Paolo. L'hanno trattenuto per un paio di settimane e poi l'hanno rilasciato. È stato allora che abbiamo deciso di servirci di lei, quando abbiamo visto che erano sconcertati, che non sapevano che pesci pigliare."
Carvalho posa il bicchiere e si alza. Dora non si decide a vestirsi.
"Facciamo di nuovo l'amore?"
Carvalho le guarda i seni.
"No. Suo marito non gradirebbe."
"Se lo dice per via della sua epilessia, ce l'aveva anche quando gli ero fedele."
Carvalho si ritira e quando arriva alla porta si volta per dire:
"Il primo giorno mi aveva detto che il mare d'inverno è un cristallo opaco. Ma qui è trasparente. Si vede tutto. Questa costa è una miniera".
"Che cosa vuol dire?"
"Qual era l'opinione predominante nel vostro gruppo sulle cause del delitto?"
"Sulle prime abbiamo creduto che fosse stato il polacco. Era pazzo e innamorato di Virginia."
"Bene. Non è stato il polacco. Che spiegazione continuate a darvi?"
"Che è stato uno di quelli che Paolo attirava intorno a sé. Anche lui lo credeva. Quando l'hanno interrogato ha detto che non poteva rispondere di tutto il suo gregge."
"Vale a dire, il sacrificio rituale."
"Si può giocare fino a un certo punto, ma non arrivare sull'orlo del baratro o giocare alla roulette russa per tutta la notte."

"Pablo e Virginia non erano dei vostri."
"No. Non erano dei nostri."
"Comincio a capire."

La coppia della Guardia civile imbastisce l'orizzonte. Passo dopo passo, protagonisti di un tragitto che sembra non avere avuto un inizio né condurre a una fine. Carvalho confronta quest'impressione con le proprie emozioni. In altri casi si è innamorato di qualcuno: dell'assassino o della vittima, dell'assassino soprattutto quando aveva lineamenti da vittima. C'è chi viene assassinato e chi si fa assassinare. Ma ora non provava nemmeno compassione. Niente e nessuno erano quello che sembravano essere, nemmeno il mare nella sua realtà dell'inverno, ancora prima di comporre il sorriso ipocrita con cui avrebbe accolto gli ospiti dell'estate. Pablo e Virginia erano morti qui, come potevano essere morti in un qualsiasi altro punto di una vita da parassiti. Paolo non aveva mai avuto un affetto, soltanto frammenti di memoria legati a un passato nel quale fatalmente Carvalho aveva avuto rapporti con ogni genere di protagonisti dell'attualità: ministri o assassinati, carnefici o vittime. In quell'università minoritaria degli anni cinquanta era inevitabile conoscere i leader del bene e del male di trent'anni dopo, quando la biologia spinge a salire o a scendere gli ultimi gradini che conducono al successo o al disastro. Nessun valore emozionale aggiunto, quindi, alla volontà di portare a termine un incarico che Dora aveva messo in discussione.

"La paghiamo comunque e lei se ne va. Questo ha smesso di essere un gioco e comincia a essere qualcosa di pericoloso. Non crede?"

"Cerco di portare a termine quello che comincio. L'unica etica che mi è rimasta è quella professionale."

Così è salito di nuovo fino alla casa del capraio e si è buttato a terra appena gli è parso di percepire un fremito di vita. Forse un battito di ciglia collettivo delle capre nervose o la ronda del capraio nel tentativo di individuare degli alicantini ai quattro punti cardinali di terra e mare. Carvalho rimane sdraiato a poca distanza dalla catapecchia-ovile. È notte fonda e a un tratto all'interno si muove una piccola luce non elettrica. Carvalho si è coperto per proteggersi dal freddo della brina e resiste attento alla sopravvivenza della luce. Si sente infine il rumore di una macchina e pochi istanti dopo una jeep che si ferma sulla spianata. Scende un uomo che entra in casa. Carvalho cerca di avvicinarsi con cautela e riesce a raggiungere una finestra, dalla quale vede discutere il pastore e Carlos. C'è preoccupazione nei loro gesti. Carvalho spinge il vetro della finestra sperando che si socchiuda e gli consenta di ascoltare quel che dicono, ma non si apre e improvvisamente alle sue spalle risuona un latrato stridente. Il cane del pastore è a qualche metro, teso, abbaiante, minaccioso. I due uomini si sono girati verso la finestra e Carvalho fa un balzo che aumenta l'irritazione del cane. La porta della casa si è aperta e Carvalho scappa di corsa risalendo la scarpata. Non è il solo. Anche gli altri due corrono. Carvalho prende un piccolo sentiero ma a un tratto deve frenare la corsa perché ai suoi piedi si apre il baratro della scogliera e la promessa della morte. Si volta, e vede Carlos e il capraio che avanzano lentamente. Carvalho mette una mano sotto l'ascella e la lascia lì. Gli altri hanno avvertito il gesto e smettono di avanzare.

“Ah, è lei. Ci aveva spaventati. Pensavamo che fosse un vagabondo.”

“Un ladro di capre, per esempio.”

“Non si può mai sapere.”

“Alicante, Alicante. È quello di Alicante,” commenta compiaciuto il pastore.

Carvalho si allontana dall’orlo della scogliera e va verso di loro, mantenendo una certa distanza. Mostra loro il sentiero e li invita a precederlo.

“Voi per primi.”

Carvalho continua a tenere la mano sotto il giubbotto.

I due uomini iniziano la discesa. Arrivati alla catapecchia del pastore fa un gesto di commiato e cerca di allontanarsi.

“No. No. Lei viene con noi.”

Le parole di Carlos hanno immobilizzato il pastore, che si volta e contempla Carvalho, sorridendo.

“A che gioco gioca il tuo amico?”

“Non è mio amico.”

“Sei tu che l’hai cacciato in questa storia. A che gioco gioca?”

“Finalmente parla come una persona normale. Credevo che lei fosse un idiota.”

“Non si fidi degli idioti. A che gioco gioca?”

“Alla roulette russa,” commenta l’architetto con un certo disprezzo.

C’è troppa tranquillità nelle sue parole e Carvalho moltiplica gli andirivieni degli occhi in cerca di possibili fattori di sicurezza per l’imperturbabilità del marito di Dora. Dev’essere un tic di casta. Questa gente non perde mai, nemmeno quando perde, questa gente non dispone del linguaggio parlato o corporale del perdente.

"Vi avverto che la Guardia civile è stata chiamata e tra poco avremo tutti insieme un incontro chiarificatore."

"Ho appena incrociato per strada la coppia di guardie e mi hanno salutato come se fossi l'ammiraglio del dipartimento marittimo."

"Naturalmente, non ho parlato con i subordinati."

"Lei non ha parlato con nessuno."

La voce ha masticato il *lei* come se lo stesse sputando. È la voce di Dora, e Carvalho individua la donna dietro un fucile a canne mozze puntato contro di lui.

"Vedo che qui si ascolta dietro le tende."

Sollevati, Carlos e il capraio hanno ritrovato il movimento, sentendosi ormai liberi, e solo ora Carvalho capisce che Carlos confidava nella vicinanza di Dora.

"Suppongo che non commetterete l'imprudenza di giustiziarmi qui. Queste coste sono ormai fin troppo sporche di sangue. Un colpo di fucile potrebbe essere sentito dalla strada, e state certi che non intendo lasciarmi uccidere con una pugnalata."

"Lei è ancora l'uomo cui ci eravamo rivolti e per certi versi nostro ospite. Si merita una fine confortevole a casa nostra. Salti sulla jeep e non faccia sciocchezze."

A guidare è Carlos. Il capraio si siede dietro Carvalho e Dora accanto a lui, con la canna del fucile incollata al pomo di Adamo del detective e negli occhi la crudeltà di un animale frustrato.

Nel *living* dell'appartamento di Dora, Carvalho ha assunto l'atteggiamento dell'uomo estraneo a un gioco che non può essergli estraneo. È il pastore ad avere voce in capitolo.

"Suppongo che un detective privato abbia una sua deontologia."

"Lei parla come quelli del radio giornale. A proposito, complimenti per il travestimento. Ma questa bocca tanto vuota e orribile è eccessiva."

"Sono stato mercenario e mi hanno fatto saltare i denti in Biafra. Ma ho una dentiera che mi è costata cinquemila dollari a New York."

"Sa per quando è il golpe?"

"Molto spiritoso. Ma non faccia il sordo, le sto offrendo il modo di uscire da questa storia. I clienti che le affidano un caso hanno diritto al suo silenzio, al segreto professionale."

"Non alla mia complicità in due omicidi, o meglio, quattro."

"I conti non mi quadrano," ha commentato Dora.

"Sono tre."

"Quattro. A meno che non mi diciate che ne è stato del polacco." Gli altri due e la donna si guardano in faccia.

"Quante pietre avete usato perché restasse in fondo al mare?"

"D'accordo. Quattro o cinque. Dipende da lei."

È stato il pastore a mettere le carte in tavola.

"La mia deontologia non mi permette di rendermi complice di una catena di delitti perfettamente perpetrati e tanto meno di una guerra tra bande di trafficanti."

"Questo ragazzo pensa per conto suo," commenta il pastore rivolto agli altri due.

"Sarebbe tanto gentile da dirci che cosa sa o che cosa sospetta?"

"I fatti sono chiari. Paolo l'Hippy era il re di queste contrade prima del vostro arrivo. Lo conoscevo, era un uomo prudente. Doveva avere un traffico modesto, per i suoi bisogni e poco più.

"Tutto a un tratto avete deciso che questo era un punto ideale per gli sbarchi e avete pensato di sistemarvi qui travestiti da professionisti madrileni in fuga dall'inquinamento e dalla civiltà moderna. Ma eravate trafficanti su grande scala e volevate farla finita con Paolo. Quando è arrivata la coppia di figli di papà avete visto chiaro. Un sacrificio rituale. Coinvolgere Paolo e la sua setta. O lo costringono ad andarsene, o lo sbattono in galera e la costa viene ripulita dai concorrenti. Ma la polizia non abbocca, anche perché Paolo era probabilmente un confidente indiretto e sapevano che non era pericoloso. Allora mi affidate il caso perché rilanci i sospetti e cacci quelli della setta in una situazione scomoda. Ma Paolo non era affatto sciocco e mi ha messo sulla pista del contrabbando, cioè mi ha messo sulla strada giusta per scoprire quel che sta accadendo per davvero. Uccidete Paolo e cominciate a innervosirvi, al punto di pensare che forse convenga cambiare scenario."

"Non credo che sia necessario," è il giudizio del pastore. "Lei sta per andarsene in compagnia del polacco."

"Lei è l'aspetto pittoresco della faccenda. Un pastore matto e ingenuo che spara i razzi dalla finestra dell'ovile nelle notti in cui arrivano i carichi, di che? Non sarete voi a dirmelo, ma tanti morti ammazzati possono coprire soltanto un traffico di eroina. Per questo il davanzale della sua finestra era bruciacchiato. Il suo era un gioco pericoloso, amico. A furia di fingersi scemo ha finito per esserlo sul serio."

Il pastore disapprovava l'opinione di Carvalho facendo schioccare ripetutamente le labbra.

"Prima di arricchirmi con il traffico ho fatto anche l'attore e le parti dell'idiota erano la mia specialità."

"Da un lato il pastore idiota, e dall'altro i raffinati intellettuali che si godevano il mare d'inverno, quando il mare è un cristallo opaco."

Carvalho guarda Dora. Ha la camicetta molto sbottonata.

"Mi è concessa un'ultima volontà?"

Appaiono sconcertati e Carvalho si alza lentamente, si avvicina a Dora con un sorriso sulle labbra e le palpa le tette. Carlos fa un gesto imprevisto di indignata protezione della virtù della moglie e Carvalho lancia la donna contro l'uomo facendo cadere entrambi a terra. Il pastore deve scostarsi per non cadere anche lui e Carvalho salta sopra i cuscini e si butta verso la porta. Dora ha recuperato il fucile e spara su quello che è ormai il vuoto della porta aperta, occupato soltanto dall'oscurità della notte. Gli spari si ripetono inseguendo il volume di Carvalho che cerca di prendere sempre più distanza dai suoi inseguitori.

"Alt!"

Si sente un grido e quasi senza por tempo in mezzo Carvalho viene colpito in testa dal calcio di un'arma da fuoco.

Si muove. O lo muovono. La macchina avanza lungo la galleria aperta dall'ululato di una sirena, un ululato inutile nella strada deserta. Perdere conoscenza è il suo destino e la perde senza indovinare i volti che lo guardano, le voci che gli parlano di strani argomenti che non trovano spazio nel suo cervello, di nuovo intontito dai colpi. Si sveglia con la sensazione angosciosa di aver ricordato fino a mille volte che i colpi in testa decerebrano e che prima o poi nel portarsi le mani al cranio lo avrebbe trovato sostituito da una massa gelatinosa e insanguinata che non gli sarebbe servita nemmeno per gridare. Vede se stesso reggere tra le mani la polpa vischiosa e inutilizzata e correre lungo corridoi notturni con passi languidi da film al rallentatore. Ma il cervello gli serve ancora per capire che è in una stanza d'ospedale, e quando chiama si affaccia alla porta un tricorno della Guardia civile e sotto di esso un viso giovane e contadino che lo esamina con l'asepsi con cui si contempla il materiale per un rapporto alle autorità. Torna a sonnecchiare, in parte confortato dalla sicurezza offertagli da un angelo custode armato e con la contraddizione di sentirsi custodito da un guardiano vero e proprio, in un mondo in cui ogni forza armata è una minaccia globale, generalizzata. Ricorda o sogna un viaggio con Charo, l'auto bloccata in una duna, l'arrivo della Guardia civile in un sidecar, la diffidenza sulle prime, i vari tentativi di liberare la macchina e finalmente la proposta di portarli in albergo in sidecar, le due guardie sulla moto, loro nel trabiccolo, con Charo seduta sulle ginocchia del detective. Ma quando ormai Charo stava per sedersi, la guardia più anziana aveva fermato la donna.

"Un momento. Suppongo che siate sposati, vero?"

"Indubbiamente."

"Allora può sedersi sulle sue ginocchia."

Adesso torna in quel che è rimasto di sé e sembra capire tutto in modo definitivo. Compreso il fatto di trovarsi nello stesso ospedale della precedente seppur recente occasione. La stessa testa bendata. Lo stesso sergente della Guardia civile con la stessa cartella.

"Vedo che le piace il movimento. E prendersi dei bei colpi in testa."

"Questa volta siete stati voi a darmeli."

"E meno male che siamo arrivati in tempo, altrimenti la facevano fuori. Sono già tutti dietro le sbarre. Quella manica di farabutti. Il caso del pastore è da romanzo, vero?"

La Guardia civile addirittura sorride.

"Le daranno la Gran Croce di Isabella la Cattolica."

Al sergente salta di nuovo la mosca al naso.

"Non voglio croci. Voglio che mi lascino in pace. Sono stufo di apparire sui giornàli. E lei, fili via appena possibile."

"Il cadavere di Paolo?"

"La famiglia lo ha già reclamato. Il furgoncino è già partito. Ripeto. Fili via. Torni in estate. A fare i bagni. Ma in inverno ci lasci in pace, noi qui ci viviamo. Ci lasci riposare," borbotta il sergente mentre si ritira.

Carvalho si alza dal letto e si avvicina alla finestra da cui si vede il mare e si lascia ipnotizzare, ora con fiducia. Il mare è bello. La bruttezza ce la mettono gli uomini.

Si apre la porta dell'ufficio e Carvalho entra con la valigetta. Biscuter esce dal cucinino asciugandosi le mani.

"Bentornato, capo. Se le è godute le ferie al mare?"

"Non puoi nemmeno immaginare quanto."

"Accidenti, capo. Chi gliel'ha fatto?"

Indica le bende che avvolgono ancora in parte la testa di Carvalho.

"Prima i ladri e poi le guardie."

"Gli estremi si toccano, capo. Lo diceva sempre mia madre."

Carvalho si lascia cadere stanco e soddisfatto nella sua poltrona.

"Allora, Biscuter, che cosa c'è da mangiare in questa casa?"

"Ho una marinata di pagello da leccarsi le dita."

"Vino bianco freddo?"

"Vino bianco freddo."

"Avanti."

Ormai in cucina, Biscuter domanda:

"C'erano svedesi sulla spiaggia, capo? Dicono che le svedesi vengano in Spagna a fare il bagno d'inverno".

"Tutte ultrasessantenni."

E la vocetta di Biscuter commenta:

"Non sanno più che cosa inventare".

Indice

Stampa Grafica Sipiel - Milano, giugno 2000